JN051983

5分で論理的思考力ドリル

ちょっとむずかしめ

ソニー・グローバルエデュケーション・著

Gakken

はじめに

みなさんは，考えることが好きですか？

私たちソニー・グローバルエデュケーションは，2019年3月に
『5分で論理的思考力ドリル』シリーズを2冊出版しました。
テレビや雑誌などのメディアにも数多く取り上げられ，
1年たらずで累計10万部を突破し，2020年6月現在では，
累計20万部に到達しました。
多くの人に，私たちの作った問題を楽しんでもらえて，嬉しく思っています。
本作はシリーズ3作目となります。

『5分で論理的思考力ドリル』シリーズでは，
知識だけではたちうちができない「思わず考えたくなってしまう面白い問題」を
取りそろえています。
解けた・解けないという結果ではなく，解くまでのプロセスを大切にして，
問題に取り組んでいただければと思います。

考えて悩んでひらめいて解けた，
その体験が「楽しい」「好き」へとつながります。
そして，この経験をするためには，自分で考えることが不可欠です。

考えることが好きな人はもちろん，算数が苦手，
考えることはあまり好きでない，という人にこそチャレンジしてほしいです。

さて，私たちは，
問題や課題を解決する考え方のアプローチとして
「５つの思考回路」を活用しています。
この本では，必要とされる思考回路ごとに，章を分けて掲載しています。
「５つの思考回路」について知ることで，自分がものを考えるときの特徴や，
得意な考え方を把握することもできます。
「５つの思考回路」については，この本の６～８ページにくわしく載っています。

５つの思考回路を使って“考える”ことは，
大人になってから，社会に出てからも必要とされます。
コンピュータの技術が進み，AI が浸透する社会では，
自分の力で考えることは，ますます重要となってくるでしょう。
１人でも多くの人が，この本に出てくる問題を通じて，
論理的思考力を鍛えてくれること，そして「考えることは楽しい」という
体験をすることを願っています。

ソニー・グローバルエデュケーション

5分で論理的思考力ドリル

ちょっとむずかしめ

目次

第3章 リバース回路

第4章 ノック回路

第5章 ステップ回路

5つの思考回路を使いこなそう！

論理的思考力とは，簡単にいうと，問題を解決するために，筋道を立てて考える力のことです。この本では，論理的思考力を，5つの細かな回路に分解しています。

- スキャン回路（読みとる）……………問題の本質を見抜く。
- クリエイト回路（ひらめく）…………これまで思いつかなかった方法を思いつく。
- リバース回路（逆算する）……………問題が解決するにはどうすればいいか，逆算する。
- ノック回路（洗いだす）………………ありうる可能性をすべて洗いだす。
- ステップ回路（組み立てる）…………「こうすれば，こうなる」と手順を組み立てる。

それぞれの回路について，簡単に紹介しましょう。

TYPE 1 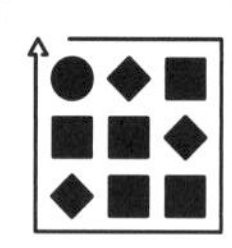 スキャン回路

→ 読みとる

探偵は名推理をするために，まず事件現場をくまなく調べます。ドアにカギがかかっているか，不審なものは落ちていないか，など…。同じように，問題文や図から，必要な情報を読みとるのが，スキャン回路です。

SCAN

TYPE

2 クリエイト回路

→ ひらめく

CREATE

身の回りのものを正面・真横・真上から見てみると，まったく違う形になるのは不思議ですね。同じように，問題や課題も別の視点から見ると思わぬ解決方法を見つけられることがあります。これがクリエイト回路です。

TYPE

3 リバース回路

→ 逆算する

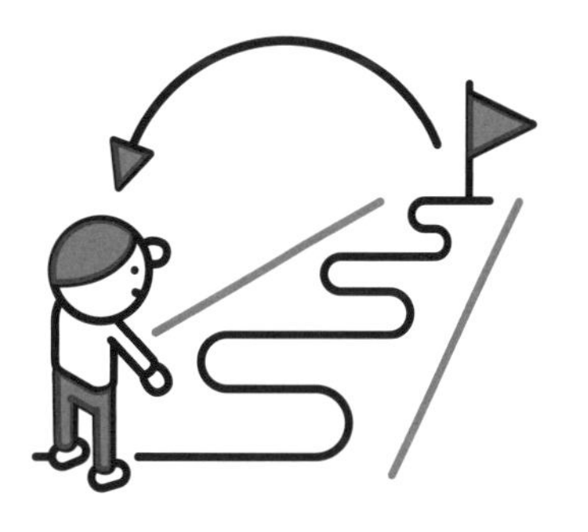

REVERSE

迷路に挑戦するときは，やみくもに進むのではなく，ゴールからスタートまでの道筋を逆にたどると効率よく進むことができます。このように問題が解決する様子を想像して，逆算していくのがリバース回路です。

TYPE

4 ノック回路

→ 洗いだす

KNOCK

トイレに行きたい！　そんなとき，あいているトイレを見つけるために1つ1つのドアをたたいていきます。このように，ありうる可能性を，もれなく重複せずに洗いだすのがノック回路です。

TYPE

5 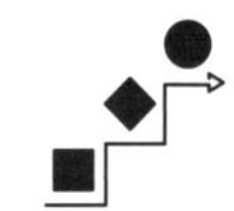 ステップ回路

→ 組み立てる

STEP

階段を上るときは，一段ずつ上っていきますね。このとき，段差が１つでもないと，階段を上りきることはできません。同じように，問題の解決に向けて，1つ1つの順序を正しく組み立てるのが，ステップ回路です。

1

SCAN

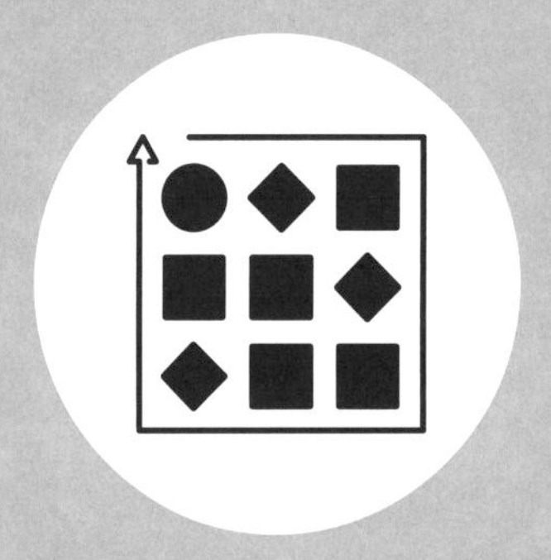

問題の本質(ほんしつ)を見抜(みぬ)く

01 かけっこ

難しさ ★☆☆

目標時間 5分

ミユキ，フミヤ，サヤカ，タケシの４人が50m競走をしました。

ミユキ「タケシに勝ったよ」
フミヤ「ゴール直前で２位の人を抜かして，そのままゴールしたよ」
サヤカ「ミユキより先にゴールしたよ」
タケシ「サヤカに負けちゃった」

問　４人がゴールした順番を答えましょう。

（　　　　）→（　　　　）→（　　　　）→（　　　　）

5分考えてわからなかったら次ページのヒントへ ➔

ヒント 1

フミヤ以外の３人がゴールした順番を考えよう。

ミユキとサヤカのセリフに注目すると，フミヤ以外の３人がゴールした順番がわかりそうです。

ヒント 2

フミヤのセリフに注目しよう。

フミヤの「２位の人を抜かして，そのままゴールしたよ」に注目しましょう。
２位の人を抜かしたフミヤはいったい何位になったのでしょうか。
勘違いしてしまわないように，しっかり情報を見極めましょう。

ここまでのヒントで解けなければ解答へ（別冊 p.1）

02 何マス分？

難しさ ★☆☆

目標時間 5分

リョウタは，ペンキで16マスのかべに色をぬりました。

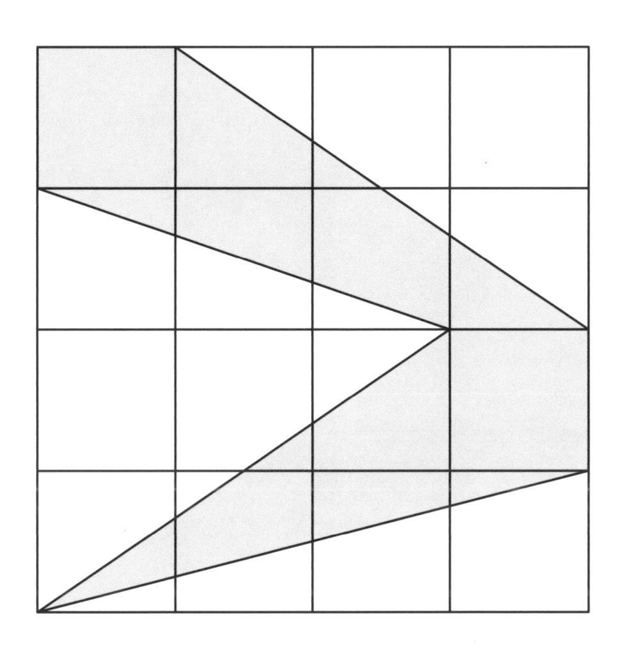

問　色がぬられている部分は，何マス分の大きさですか。

（　　　　　）マス分

5分考えてわからなかったら次ページのヒントへ →

ヒント

1 どうしたら，何マス分がわかるのか，よく観察してみよう。

色がぬられている部分の大きさを直接求めるのは難しそうですね。どうしたら求められるでしょうか？　図をよく観察してみましょう。
マスの境目ぴったりにある点がポイントになります。

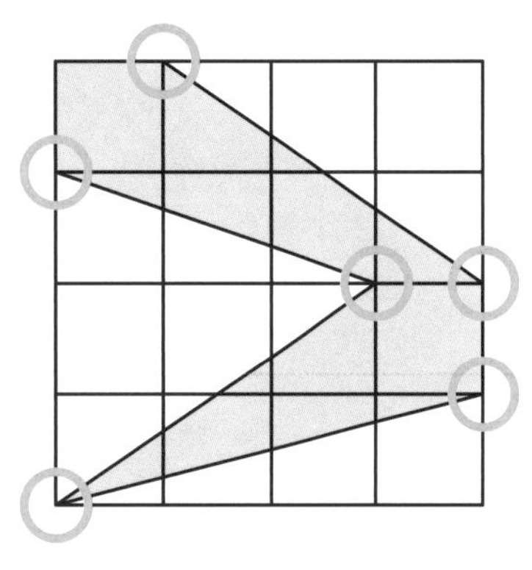

ヒント

2 色がぬられていない部分にも注目しよう。

色がぬられていない部分に注目してみましょう。
三角形になっていますね。三角形なら大きさが求められそうです。

ここまでのヒントで解けなければ解答へ（別冊 p.2）

03 ウソつきはだれ?

マドカたちは，ウソつきゲームをして遊んでいます。
タカヤ，トウコ，ミサキの中に１人だけいるウソつきを，マドカが当てるゲームです。

「ウソつきはトウコだよ」

「違うよ。ウソつきはミサキだよ」

「タカヤはウソつきじゃないよ」

「わかった！　ウソつきは◯◯◯だね！」

マドカは見事ウソつきを当てました。

問　ウソつきはだれでしょう。

（　　　　　　　）

5分考えてわからなかったら次ページのヒントへ ➔

＼ヒント／

1 タカヤとトウコのセリフに注目しよう。

タカヤは「ウソつきはトウコ」と，トウコは「ウソつきはミサキ」と言っています。ウソつきは1人しかいないのに，この2人は違う人のことをウソつきと言っているのです。

ここから，何がわかるでしょうか？

＼ヒント／

2 2人が違うことを言っているということは……

ウソつきは1人しかいないということは，タカヤとトウコのうちどちらかがウソつきだということがわかりますね。

ということは，ミサキはウソつきでしょうか。正直者でしょうか。

ここまでのヒントで解けなければ解答へ（別冊 p.4）

04 5枚のカード

難しさ ★★☆

目標時間 5分

5枚のカードがあります。
表の面にはA，B，C，D，Eの文字のどれかが1つずつ，
裏の面には1，2，3，4，5の数字のどれかが1つずつ書いてあります。
このカードをよく混ぜて横1列に並べることを3回したところ，
次のようになりました。

〈1回目〉

E	5	A	D	4

〈2回目〉

D	A	4	B	3

〈3回目〉

問 それぞれのアルファベットの裏に書いてある数字は何ですか。

A（　　　　）　B（　　　　）　C（　　　　）
D（　　　　）　E（　　　　）

5分考えてわからなかったら次ページのヒントへ ➔

\ヒント/

1　1回目の見えている記号から，どんなことがわかるかな。

カードの表と裏は，どちらか片方(かたほう)しか見ることができず，同時に両方は見られません。

1回目にE，5，A，D，4が見えているということは，例(たと)えば，Aの裏は4でも5でもないとわかります。

\ヒント/

2　わかったことを表にしてまとめてみよう。

カードを見て，わかることを表にまとめて，カードの表と裏を探(さぐ)っていきましょう。

アルファベットと数字が表裏ではないとわかるところに×をつけながら考えていくと，わかりやすいです。

ヒント1からわかることを書くとこうなります。

	1	2	3	4	5
A				×	×
B					
C					
D					
E					

ここまでのヒントで解けなければ解答へ（別冊 p.5）

05 1列に並ぶと

難しさ ★★☆
目標時間 5分

28人が1列に並んで，自分の前後にいる人と背比べをしています。
すると，11人が「前の人より自分のほうが背が高い」と言いました。

問 「後ろの人より自分のほうが背が高い」と言う人は何人いますか。
（ただし，同じ身長の人はいないものとします。）

（　　　　）人

5分考えてわからなかったら次ページのヒントへ ➔

ヒント 1

並んだ2人の身長は，どうなっているだろう。

同じ身長の人はいないので，前後で並んだ2人だけの身長を比べると

・ 後ろの人のほうが背が高い（＝前の人のほうが背が低い）

・ 後ろの人のほうが背が低い（＝前の人のほうが背が高い）

のどちらかになっているはずです。

ヒント 2

並んだ2人の身長を比べられるのは，何か所あるかな。

全部で28人が1列に並んでいます。前後で並んだ2人の身長を比較できる場所は何か所あるか考えてみましょう。

ここまでのヒントで解けなければ解答へ（別冊 p.7）

06 ハガキを出し忘(わす)れた！

難(むずか)しさ ★★★
目標時間(もくひょうじかん) 5分

メグミは，ハガキを持って家から図書館まで歩いて行きました。
家から480m歩いたところで，ポストにハガキを出すのを忘れたと気づき，
来た道を引き返して，ポストから620m歩いて図書館に着きました。
帰りは寄(よ)り道をしないで，来たときと同じ道を歩きました。

問　メグミは，行きと帰りで合わせて何m歩きましたか。

（　　　　　）m

5分考えてわからなかったら次ページのヒントへ ➔

＼ヒント／

1 メグミが歩いた様子を図にしてみよう。

メグミがどのように歩いたのかを図にしてみましょう。
さらに，問題文から距離（きょり）がわかる部分には，何mか書いてみましょう。

＼ヒント／

2 距離が同じところに注目しよう。

メグミが歩いた様子は次のようになります。

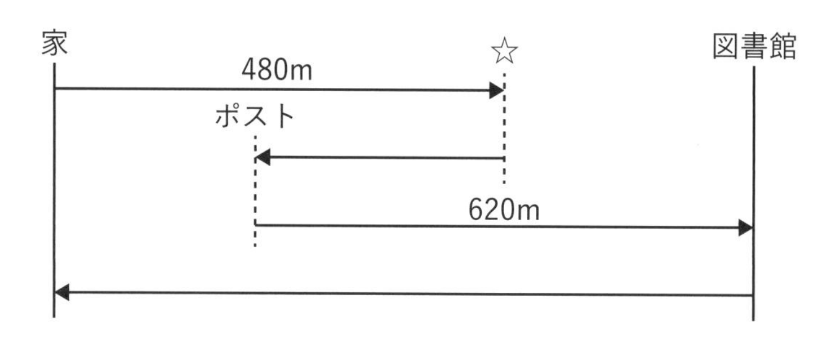

ハガキを出すのを思い出した場所を☆点とすると，☆点からポストまでの距離と，図書館から家までの距離はわかりませんが，行きと帰りで歩いた距離の合計はわかります。
どことどこが同じ長さなのかに注目しましょう。

ここまでのヒントで解けなければ解答へ（別冊 p.9）

07 本のページ

難しさ ★★★
目標時間 5分

ジュン，ミユキ，ナツミ，コズエの４人は，同じ本を読んでいます。
それぞれ，いま，読んでいる本のページについて話をしています。

ジュン「ぼくが開いている本の，左右の
　　　ページ番号をたすと121だよ」
ミユキ「私は133！」
ナツミ「私は97かな」
コズエ「私は115だよ」

どうやら１人だけ，
計算を間違えている人がいるようです。

問　計算を間違えているのはだれですか。

（　　　　　　）

5分考えてわからなかったら次ページのヒントへ ➔

＼ヒント／

1 この本を使ってページ番号の法則を見つけよう。

この本の左右のページ番号に注目すると，左のページが偶数（0，2，4，6，8，……など，2でわり切れる整数）になっていることがわかります。ページをめくっていっても，左のページ番号はいつも偶数ですね。

これは，左のページ番号がつねに2ずつ増えていくからです。

＼ヒント／

2 ジュンのページ番号を調べてみよう。

左右のページ番号は，1違うはずなので，ジュンの開いたページの，小さいページ番号のほうを□とすると

□＋(□＋1)＝121

となります。

□＋□＝121－1　□＝60

よって，ジュンの開いたページの，小さいほうのページ番号は60で，偶数だとわかります。

ここまでのヒントで解けなければ解答へ（別冊 p.10）

第2章 クリエイト回路

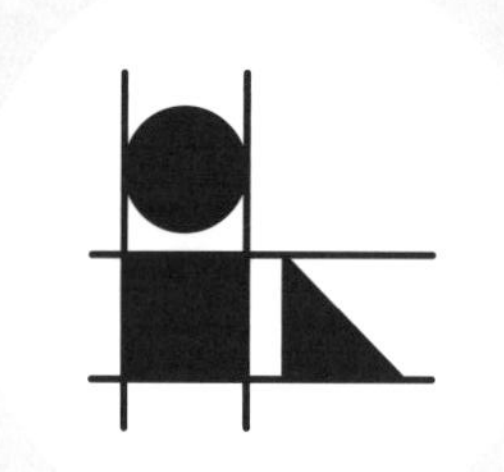

第2章 クリエイト回路

新しい方法をひらめく

01　リンゴ狩り

難しさ　★☆☆

目標時間　5分

シンイチ，エミコ，タケシ，ナツミ，ヨシユキの5人で，
リンゴ狩りに行きました。
5人で24個のリンゴをとりました。

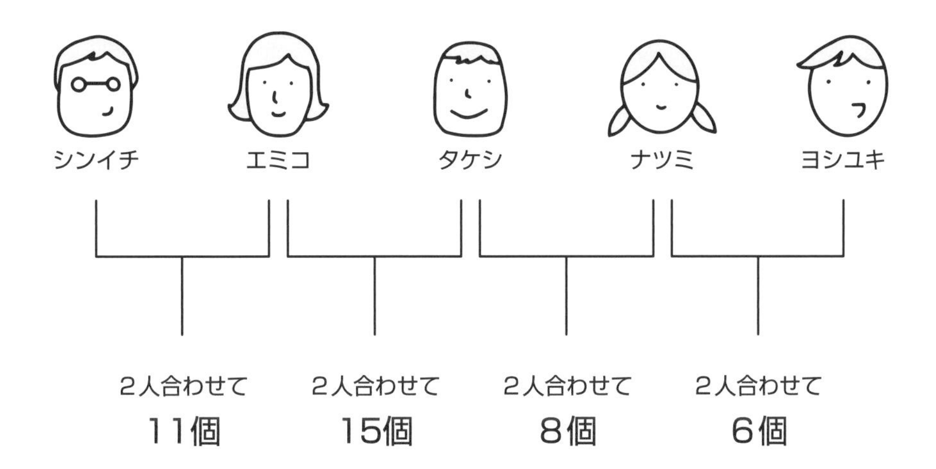

問　5人はそれぞれ，何個ずつリンゴをとりましたか。

シンイチ（　　　　）　**エミコ**（　　　　）　**タケシ**（　　　　）
ナツミ（　　　　）　**ヨシユキ**（　　　　）

5分考えてわからなかったら次ページのヒントへ ➔

＼ヒント／

1 イラストだけではなく，必要な情報をすべて集めよう。

重要な情報は，問題文の中にもかくれています。

「５人で24個」という情報を見落とさないようにしましょう。

＼ヒント／

2 必要な情報だけに注目してみよう。

イラストの情報のうち，同じ人が重ならない２つの関係に注目してみましょう。

例えば，次の２つに注目します。

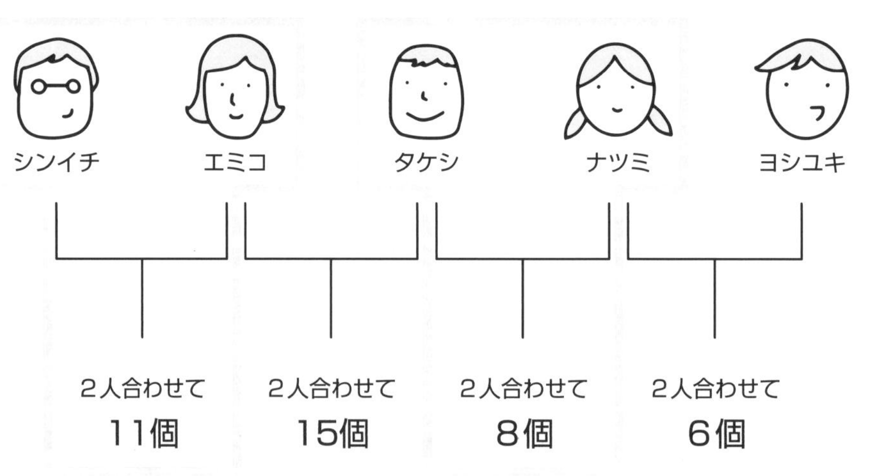

この２つに注目すると，ヨシユキ以外の４人がとったリンゴの数がわかりそうです。

ここまでのヒントで解けなければ解答へ（別冊 p.12）

02 片付けよう

難しさ ★☆☆

目標時間 5 分

形の違う積み木が５つあります。
本当は，４つの積み木のセットなのですが，１つ違う積み木が混ざってしまったようです。
セットの積み木は，箱にぴったり片付けることができます。

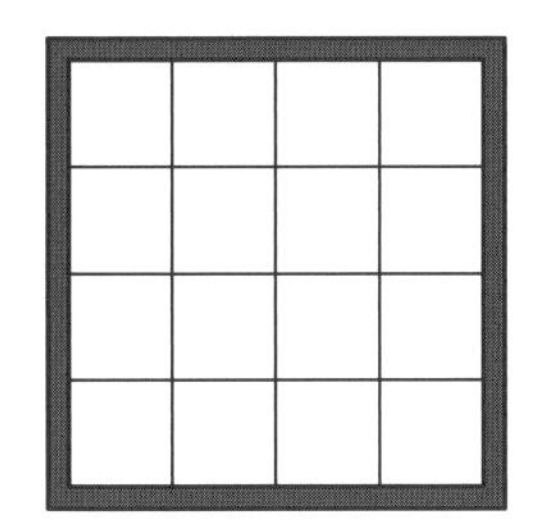

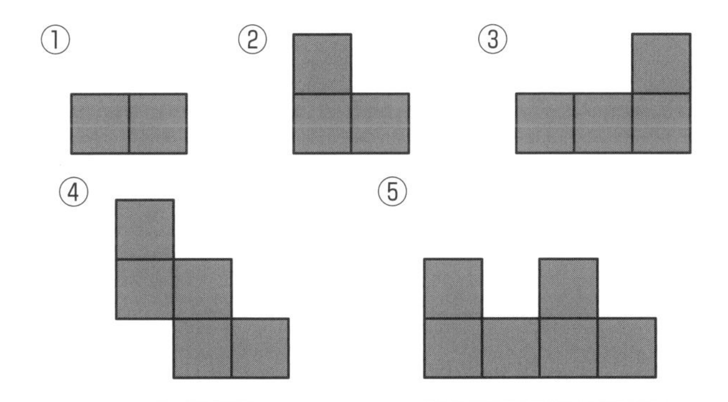

問　混ざってしまった積み木は①～⑤のどれですか。

(　　　　　　)

5分考えてわからなかったら次ページのヒントへ ➔

ヒント 1

ぴったり片付けられるか，いろいろ試してみよう。

まずは，片付けられるかどうか，いろいろ試してみましょう。このとき，いちばん大きい⑤のピースを置く場所を意識しながら試しましょう。

ヒント 2

マス目の数に注目してみよう。

何回か試してみると，入れられなかった積み木のマス目の合計と，箱のあいているマス目の数に何か関係があることに気づきましたか？
セットの積み木４つが，箱にぴったり片付けることができるということは，入った積み木のマス目の合計が，箱に入れられるマス目の数と同じになるということです。

ここまでのヒントで解けなければ解答へ（別冊 p.13）

03 ナンモンのテスト？

難しさ ★★☆
目標時間 5分

メグミは１問５点の問題と１問８点の問題でできた100点満点のテストを受けました。
テストの結果は62点でした。

問　テストの問題は全部で何問ありましたか。

（　　　　　）問

5分考えてわからなかったら次ページのヒントへ ➔

ヒント

1 テストが全部で何問あるのかの候補を考えてみよう。

5点の問題と8点の問題を合わせて，全部で100点のテストになっています。

これを式にしてみると，

5×（5点の問題の数）+8×（8点の問題の数）=100

ここで，5点の問題の数によって5点の合計点は，5，10，15，……，95になります。

次に，8点が1つの場合は，5点の問題の数がいくつでもぴったり100点になりません。ぴったり100点になるのは8点の問題の数がいくつの場合か考えてみましょう。

ヒント

2 メグミが正解した問題数を考えてみよう。

メグミは，5点の問題と8点の問題で合計62点をとっています。

これを式にしてみると，

5×（5点の問題の正解数）+8×（8点の問題の正解数）=62

これも8点の問題の数から考えてみましょう。

ここまでのヒントで解けなければ解答へ（別冊 p.14）

難しさ ★★☆
目標時間 5分

04 ジョギング

ヨシヒデとフミヤは池の周りをジョギングすることにしました。
２人は同じ場所から逆方向にスタートしました。
ヨシヒデは12周，フミヤは10周したときに，ちょうど出会ったのでそこでジョギングを終了しました。

問　ヨシヒデとフミヤは何回すれ違いましたか。

（　　　　　）回

5分考えてわからなかったら次ページのヒントへ ➔

ヒント

1 どうするとヨシヒデとフミヤが出会うのかを考えよう。

2人が走っている様子を想像(そうぞう)してみましょう。

ヨシヒデとフミヤが出会うのは，どんなときでしょうか。

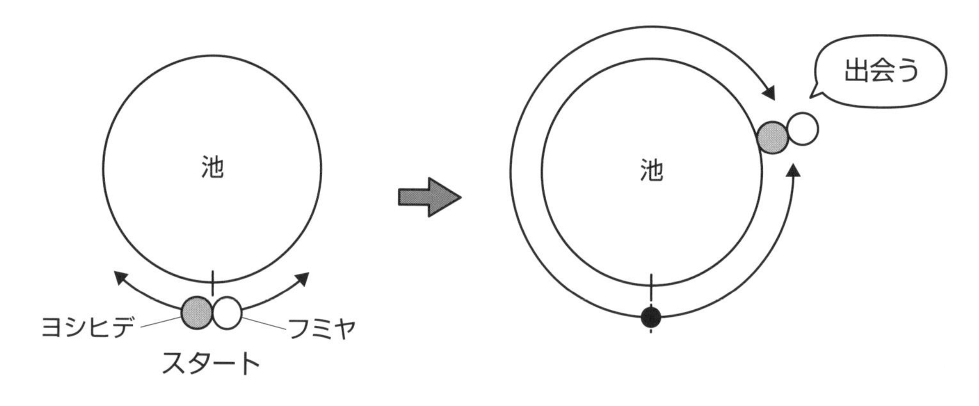

2人の走った距離(きょり)が合わせて1周分になると，2人は出会いますね。

ヒント

2 「すれ違う」とはどういうことかな？

池の周りを逆方向に走っている2人が「すれ違う」というのは，出会って別(わか)れるということを意味していますよね。

スタートのときと終了したとき，2人は同じ場所にいますが，これは「すれ違う」ではありません。

ここまでのヒントで解けなければ解答へ（別冊 p.15）

05　北には進まない

難しさ　★★☆
目標時間　5分

ユウミは，学校から家まで歩いて帰ります。
移動する方向は，南か東か西で，北には進まないと決めています。
また，同じ道は１回までしか通れません。

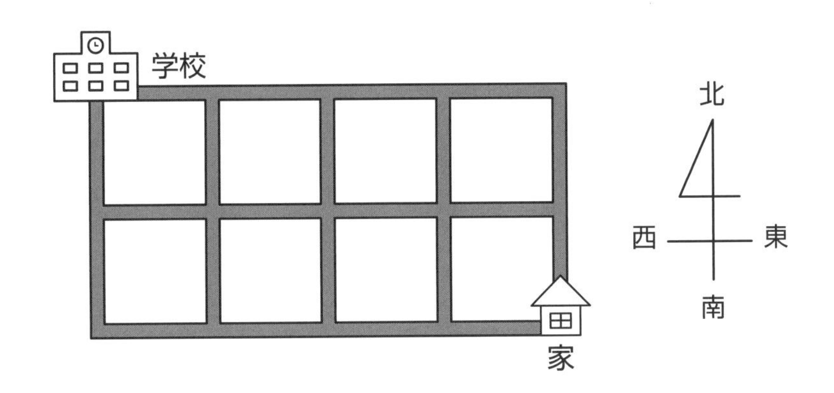

問　学校から家まで帰る道は何通りありますか。

（　　　　　）通り

5分考えてわからなかったら次ページのヒントへ →

ヒント

1 どんなルートになるのか，全体を見て考えよう。

東西方向の道は，どちらの方向にも進むことができますが，同じ道は1回までしか通れないので，引き返すことはありません。

つまり，1本の東西方向の道は，東なら東，西なら西にしか進みません。

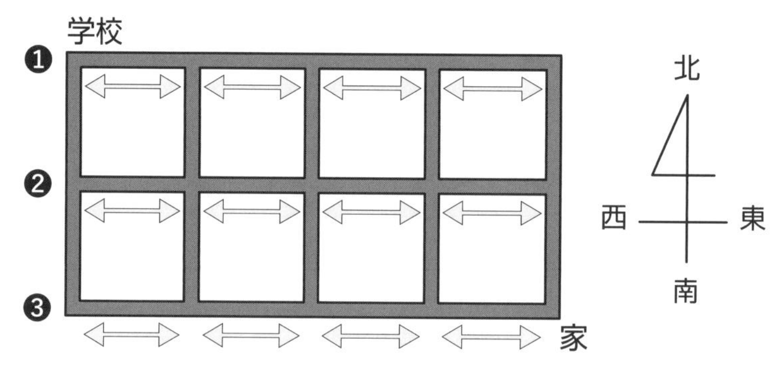

南北方向の道は南にしか進めません。

東西方向に進む道を❶～❸と番号をふると，

❶の道から，❷の道に移動するには，❶と❷の道をつなぐ5か所の⇩のうち，どこか1か所の道を南に進んでいるはずです。

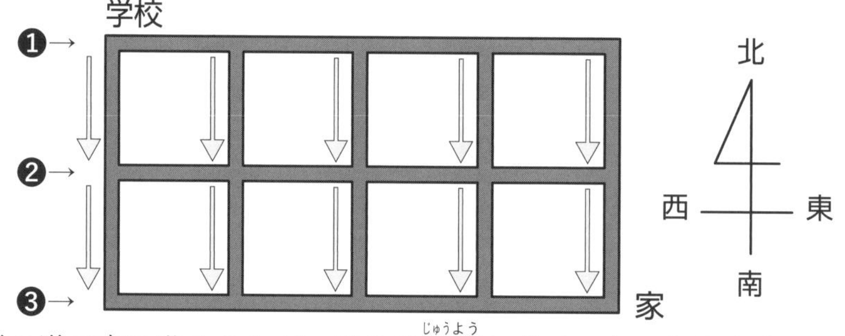

この，どの道で南に進むのかが，考える重要（じゅうよう）なポイントになります。

ここまでのヒントで解けなければ解答へ（別冊 p.16）

06 「３」と「５」は使えない

難しさ ★★★
目標時間 5分

セイヤは１から100までの数のうち，「３」と「５」が使われていない数が何個あるのかを調べました。

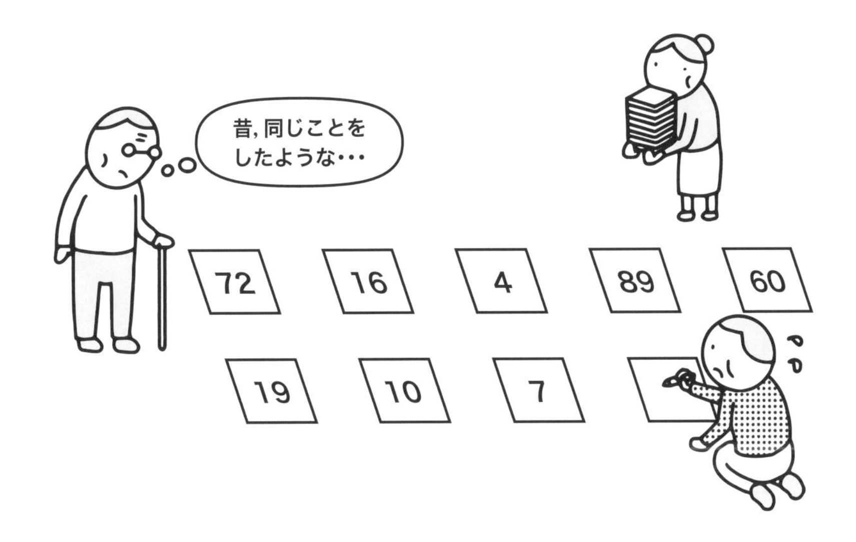

問　「３」と「５」が使われていない数は何個ありますか。

（　　　　　）個

5分考えてわからなかったら次ページのヒントへ →

1から100までの数を表にすると…？

「3」と「5」が使われていない数をすべて書き出すのは大変そうですね。

見方を変えて，1から100までの数を下のような100マスの表で表してみましょう。

一の位＼十の位	0	1	2	3	4	5	6	7	8	9
0										
1										
2										
3										
4										
5										
6										
7										
8										
9										

マスの数は，横が10マスでたてが10マスなので，10×10＝100マスあります。

例えば□のマスは，十の位が4，一の位が3なので，「43」のマスです。

十の位が0，一の位が0のマスは「100」のマスと考えましょう。

これでぴったり，表を使って1から100までの数を表せたことになります。

この表から「3」と「5」が使われていない数を探しましょう。

ここまでのヒントで解けなければ解答へ（別冊 p.18）

07 あみだくじ

難(むずか)しさ ★★★

目標時間(もくひょうじかん) 5分

アユミ，カツトシ，サヤ，ノゾミ，フミヤの５人であみだくじをしたところ，次のようになりました。

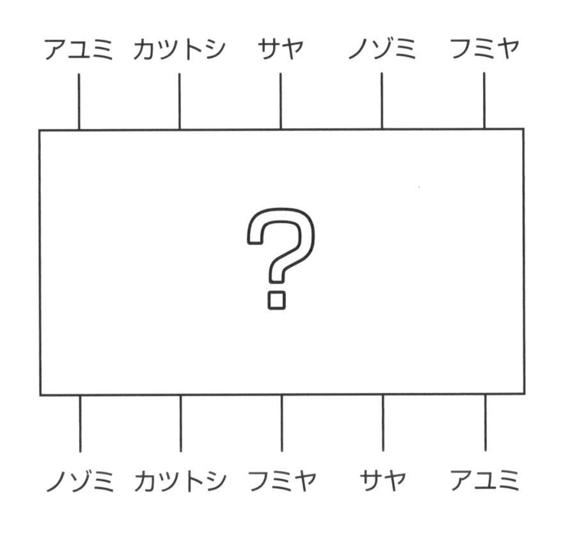

問　あみだくじの横線は何本ありますか？
最(もっと)も少ない本数を答えましょう。

（　　　　　）本

5分考えてわからなかったら次ページのヒントへ →

ヒント

1 あみだくじの横線の意味は？

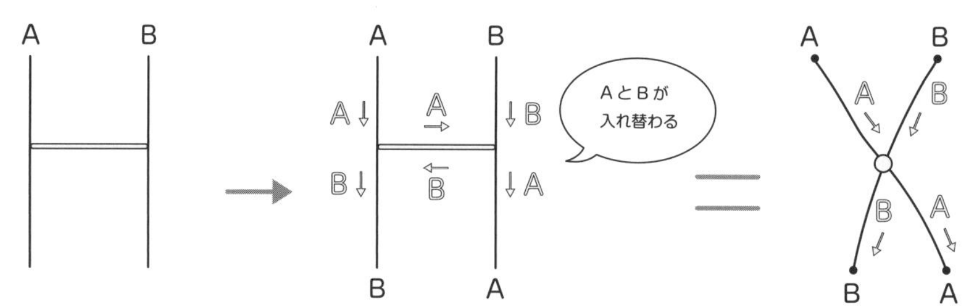

あみだくじは，たての線を下に進みます。横線があると横線方向に進むので，となりどうしの２つの結果（けっか）が入れ替（か）わります。これは，上の右のようにかくこともできます。２本の線の交点は，あみだくじの横線と同じです。

ヒント

2 つないだ線からあみだくじを作ってみよう。

ヒント１の考え方で，下のように最も少ない本数であみだくじを作ることができます。

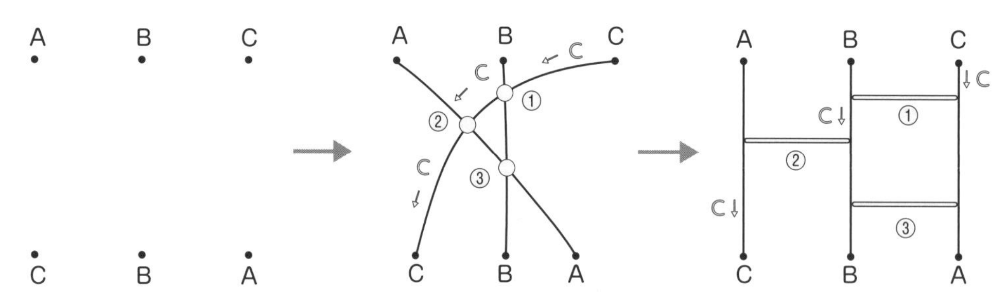

このように，１つ交点があると１本の横線があるということです。
ただし，３本以上（いじょう）の線が１点で交わらないようにしましょう。

ここまでのヒントで解けなければ解答へ（別冊 p.21）

3

REVERSE

ゴールから解(と)き方を逆算(ぎゃくさん)する

01 5枚のババ抜き

難しさ ★☆☆

目標時間 5分

トウコたちは，トランプでババ抜きをして遊んでいます。
いま，トウコの手元には，2，6，9，11，12の5枚のカードがあります。
トウコはナツミから1枚ひき，そろわなかったので，ユキエに1枚ひいてもらったら，手元のカードの合計が43になりました。

問 **トウコがナツミからひいたカードの数字は何ですか。**
（ただしA＝1，J＝11，Q＝12，K＝13とします。）

（　　　　　）

5分考えてわからなかったら次ページのヒントへ →

＼ヒント／

1 ナツミからひいた数字とユキエにひいてもらった数字の関係（かんけい）に注目しよう。

最初（さいしょ），トウコの手元にあるカードの合計は，2＋6＋9＋11＋12＝40でした。
これが，ナツミから1枚ひき，そろわなかったので，ユキエに1枚ひいてもらったら，手元のカードの合計が43になったということです。
ナツミからひいた数字とユキエにひいてもらった数字の関係はどうなっていればいいのでしょうか。

＼ヒント／

2 ナツミからカードをひいて，そろわなかったことも考えよう。

トウコの手元にあるカードの合計が40から43になったということは，3増（ふ）えたとわかります。つまり，ナツミからひいた数字は，ユキエにひいてもらった数字より3大きいとわかります。
さらに，ナツミからひいたときにカードがそろわなかったということは，ひいたカードは最初に持っていた数字と違（ちが）うカードだということもわかりますね。

ここまでのヒントで解けなければ解答へ（別冊 p.25）

02 ぼうしの色は？

難しさ ★☆☆

目標時間 5分

10人の子どもたちが，輪になって座っています。
先生が子どもたちに，赤のぼうしか白のぼうしのどちらかをかぶせました。
自分がかぶっているぼうしの色は見えません。

ツバサ「ぼくからは，赤のぼうしをかぶっている子が５人見えるよ」
ソラ　「私からは，赤のぼうしをかぶっている子が４人見える」

問　２人がかぶっているぼうしの色は，それぞれ何色ですか。

ツバサ（　　　　　）　ソラ（　　　　　）

5分考えてわからなかったら次ページのヒントへ ➔

ヒント

1 ツバサのセリフからわかることを図にしてみよう。

全部で10人の子どもたちがいて，ツバサからは９人の子どもたちのぼうしが見えています。そのうち，５人が赤いぼうしをかぶっています。
ということは，ツバサから見える，残(のこ)りの４人は白いぼうしをかぶっているということです。

ヒント

2 ソラの視点(してん)から，赤いぼうしをかぶっている子が４人見えるためには……

ソラから，赤いぼうしをかぶっている子が４人見えるには，ソラは何色のぼうしをかぶっていて，ツバサは何色のぼうしをかぶっているでしょうか？

ここまでのヒントで解けなければ解答へ（別冊 p.26）

03 テストの点数

難しさ ★★☆

目標時間 5分

ジュン，ユウミ，ココロ，タカヤの４人が受けたテスト結果が返ってきました。

ジュン

「ぼくの点数とタカヤの点数は13点違ったよ」

ユウミ

「私の点数はジュンの点数より10点高かったよ」

ココロ

「私の点数とユウミの点数は５点違ったよ」

タカヤ

「ぼくの点数とココロの点数は８点違ったよ」

問　４人を点数が高い順に並べましょう。

(　　　　　) → (　　　　　) → (　　　　　) → (　　　　　)

5分考えてわからなかったら次ページのヒントへ ➔

ヒント

1 4人の点数を整理してみよう。

4人のセリフから，点数の違いを矢印(やじるし)の部分に書いて整理してみましょう。

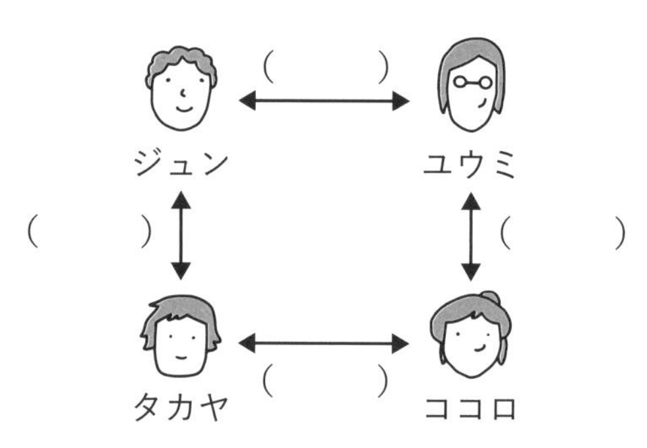

ヒント

2 2人の点数はどちらが高いのか考えよう。

ジュンとユウミの点数では，ユウミのほうが高いことがわかりますが，他の3つの点数の違いでは，どちらが高いのかわかりません。

ヒント1から，点数の違いがわかっている関係(かんけい)が輪(わ)っか状(じょう)につながっていることがわかりますね。

ジュンの点数を適当(てきとう)に決め，つながっている順番で点数を考えていって，再(ふたた)びジュンに戻(もど)ってきたときに，元の点数と同じになるものが正しいはずです。

ここまでのヒントで解けなければ解答へ（別冊 p.27）

04 宝石(ほうせき)を見つけよう

難(むずか)しさ ★★☆

目標時間(もくひょうじかん) 5分

◇に宝石がかくされています。

マスに書いてある数字は，マスの四すみにある宝石の数を表しています。

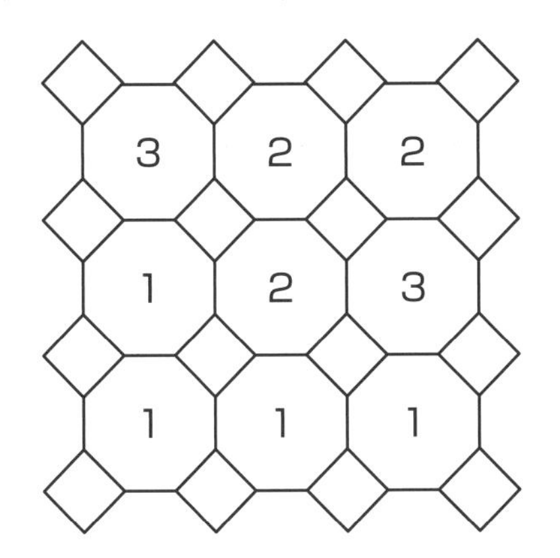

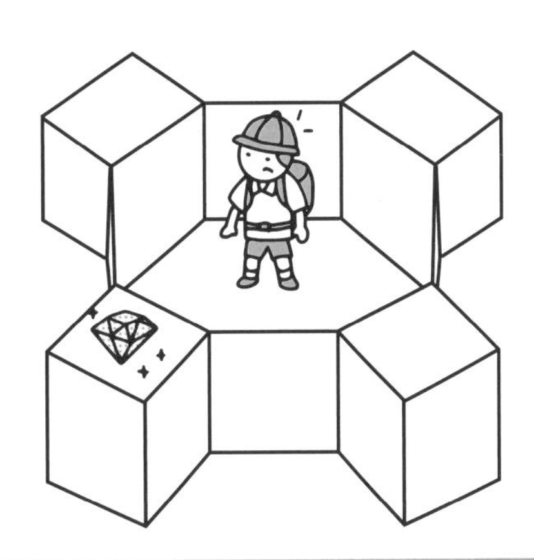

問　宝石があるすべての◇の中に○をかきましょう。

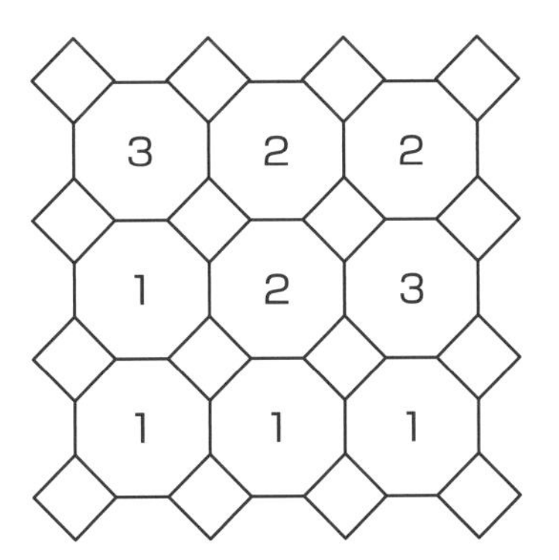

5分考えてわからなかったら次ページのヒントへ ➔

ヒント

1 ○と×を使いながら考えていこう。

ここに必ず宝石があるとわかるところに○をつけるのはもちろんですが，ここには絶対に宝石はないとわかるところには×をつけながら考えていきましょう。

ヒント

2 3と1がとなり合っている場所に注目しよう。

図のAとBには合わせて3個，BとCには合わせて1個宝石があるということですね。そうなると，A，B，Cにはそれぞれ何個宝石があるかわかりそうです。

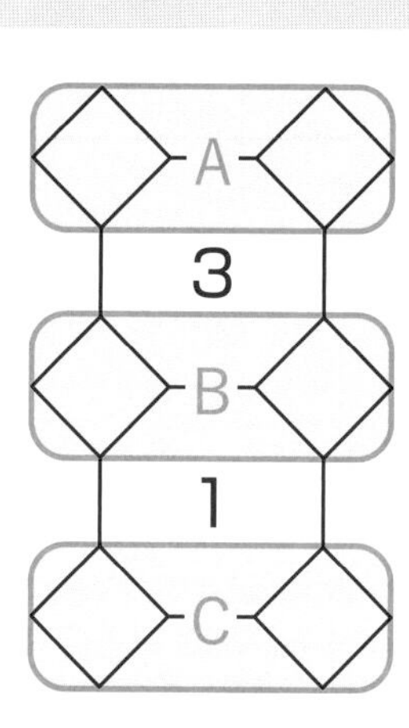

ここまでのヒントで解けなければ解答へ（別冊 p.29）

05 絶対ビンゴ

難しさ ★★☆
目標時間 5分

トオルは，パーティーでビンゴをしています。
たて・横・斜め，どこでも１列に並んでいる５個をすべて開けることができれば，ビンゴです。
トオルのビンゴカードは，たくさん穴が開いているのに，なかなかビンゴになりません。

（グレーの番号が開いている）

問 **あと何個開けることができれば，必ずビンゴになるでしょうか。**

（　　　　　）個

5分考えてわからなかったら次ページのヒントへ ➔

ヒント 1

「あと何個開けることができれば，必ずビンゴになる」とは，どういうことだろう。

例えば，運よく47と55が出れば，あと2個でビンゴといえます。しかし，必ずビンゴになるとはいえないですね。
必ずビンゴになるということは，どれだけ運が悪くてもビンゴになるということですね。
その1個手前の，最も運が悪くて全然ビンゴにならない状態を考えてみましょう。

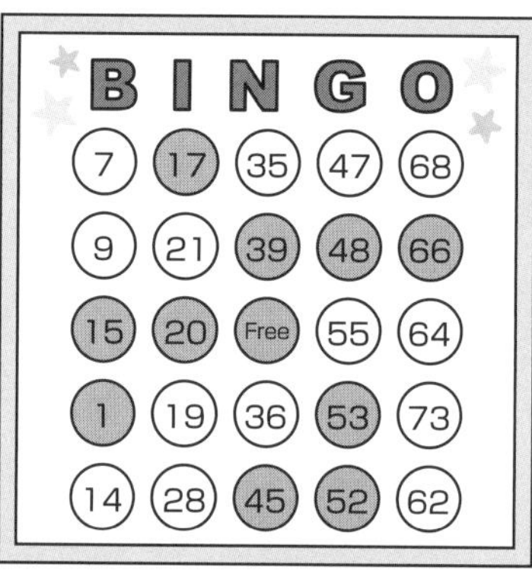

ヒント 2

最も運が悪くて，全然ビンゴにならない状態は？

最も運が悪くて，全然ビンゴにならないのは，たて・横・斜めすべての列が4つ穴が開いていて，1個開いていない状態です。
ここから，あと1つどれでも開けば，ビンゴになるはずです。

ここまでのヒントで解けなければ解答へ（別冊 p.31）

06 サイコロコロコロ

難しさ ★★★
目標時間 5分

ルカは，スタートのマスに，１の目を上にしたサイコロを置きました。
スタートのマスからマス目にそって，右か下に１マスずつ転がしていき，ゴールのマスまで移動させたところ，ゴールのマスでも１の目が上に向いていました。

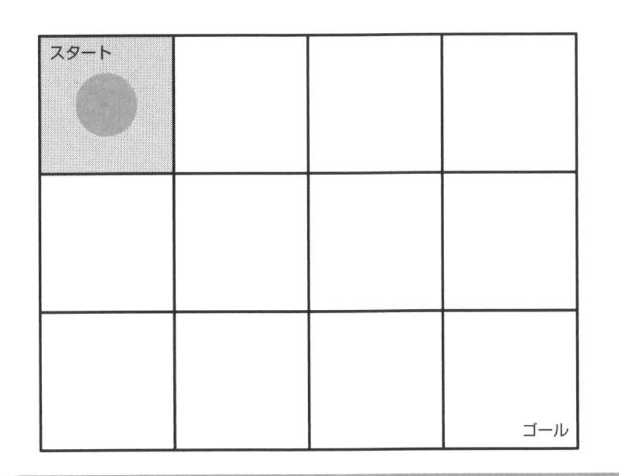

問 ルカは，どのようにサイコロを転がしましたか。
２通りあります。線をひいて答えましょう。

スタート
ゴール

5分考えてわからなかったら次ページのヒントへ ➔

ヒント

1 1の目の向きを気にしながら考えていこう。

サイコロには，1以外(いがい)にも目がありますが，すべてを考えると大変(たいへん)そうです。
1の目がどの向きを向いているのかを気にしながら考えていきましょう。

ヒント

2 1の目が真下を向くときに注目しよう。

1の目はスタートでは真上を向いていて，ゴールでも真上を向きます。
サイコロが転がる様子をイメージすると，1の目は，真上から横(側面(そくめん))になって，真下になって，また横(側面)になって，真上にきます。
まずは，スタートから移動させて1の目が真下になる可能性(かのうせい)があるのはどのマスなのかを考えましょう。そして，ゴールで1の目が真上を向くためには，どのマスで1が真下を向いている必要(ひつよう)があるのか，考えてみましょう。

ここまでのヒントで解けなければ解答へ（別冊 p.32）

07 ホームパーティー

難しさ ★★★
目標時間 5分

タカアキは，ホームパーティーに来てくれる友だちのために，クッキーを46個，チョコレートを60個，キャンディを81個用意しました。どのお菓子についても，みんなに同じ数ずつ配りました。
するとクッキーもチョコレートもキャンディも同じ数ずつあまりました。

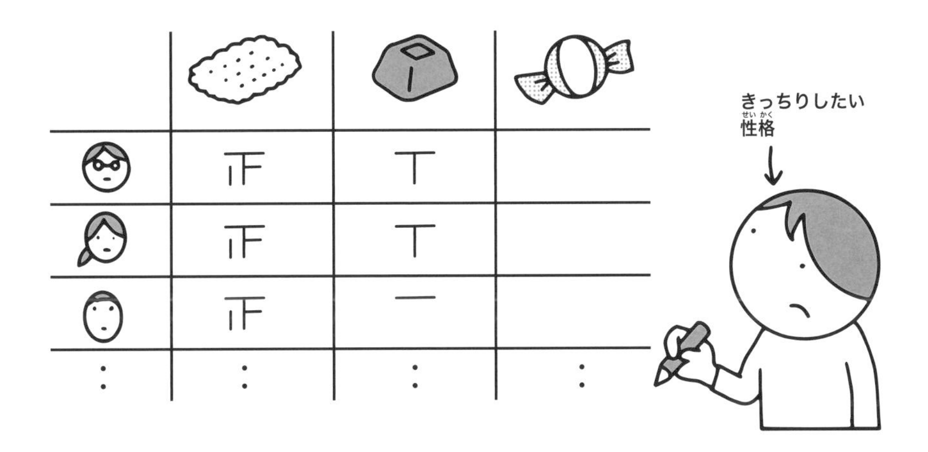

問 何個ずつあまりましたか。

（　　　　）個ずつ

5分考えてわからなかったら次ページのヒントへ →

ヒント

1 「1人1個ずつ配る」を何回もくり返すと考えよう。

それぞれのお菓子を，みんなに同じ数ずつ分けるときの配り方を，1人何個ずつ配ると考えるのではなく，トランプのカードを配るみたいに「1人1個ずつ配る」を，何回かくり返すと考えていきましょう。

ヒント

2 「同じ数ずつあまる」というのは，どういうことだろう？

例(たと)えば，46個のクッキーを「1人1個ずつ配る」をくり返し，あと1個ずつ配ることができない時点で配るのをやめます。
次に60個のチョコレートを，同じように「1人1個ずつ配る」をくり返していきます。
このとき，途中(とちゅう)まではクッキーを配ったときとまったく同じですが，さらに何周(なんしゅう)か配った後に，あと1個ずつ配ることができない時点で配るのをやめた，とわかります。
クッキーのあまりの数と，チョコレートのあまりの数は同じですから，クッキーとチョコレートの数の差(さ)は，「さらに何周か，全員に配れた分」ということです。
キャンディのあまりの数も同じなので，同様に考えてみましょう。

ここまでのヒントで解けなければ解答へ（別冊 p.35）

4

KNOCK

第4章 ノック回路

ありうる可能性(かのうせい)をすべて洗(あら)いだす

01 まるのケーキ

難しさ ★☆☆
目標時間 5分

大人気のケーキ屋さんでは，6個買って並べるとまるになるケーキを売っています。
アンは，このケーキ屋さんで，チョコケーキとショートケーキを合計6個買って，まるくつめてもらいます。
チョコケーキとショートケーキは，少なくとも1個は買います。

［つめ方の例］

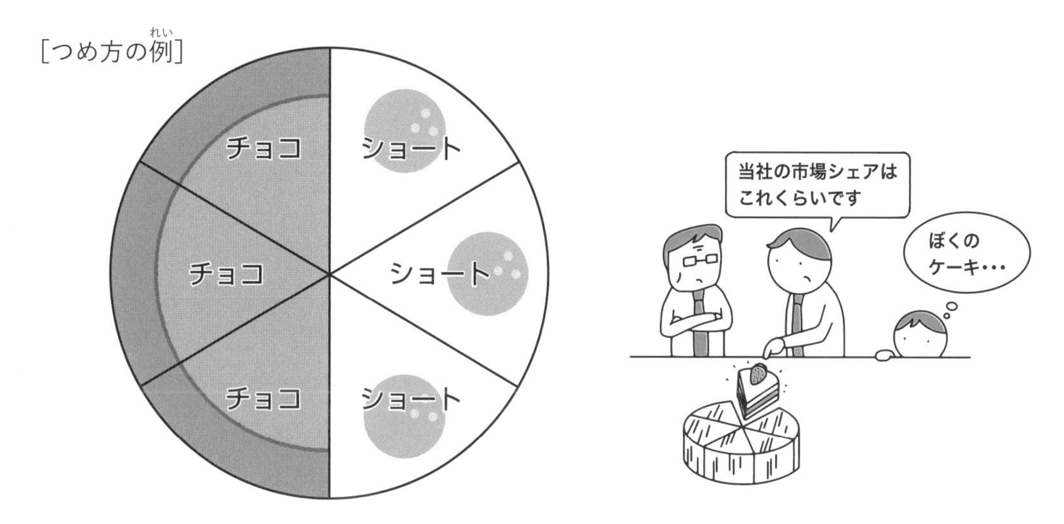

問 **まるくつめる方法は何通りありますか。**
（ただし，回転させて同じになる並べ方は同じ並べ方とします。また，ケーキをひっくり返してはいけません。）

（　　　　　）通り

5分考えてわからなかったら次ページのヒントへ →

\ヒント/

1 調べるときの基準(きじゅん)は何にすればいいかな？

回転させて同じになる並べ方とは，例(たと)えば，次の2つの並べ方のことです。

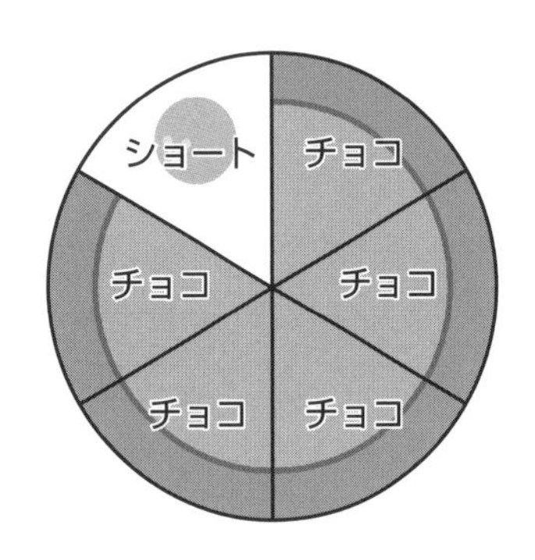

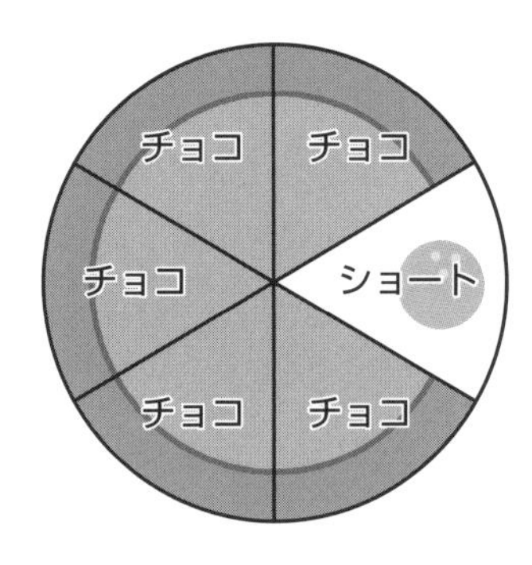

何通りあるかを考えるときには，基準を作って探(さが)していきましょう。
この場所がもしチョコケーキだったら…と考えていっても，回転させることができるので，上手な基準にはならなさそうです。

\ヒント/

2 「チョコケーキが○個のときは…」と考えていこう。

回転させて同じになる並べ方は同じ並べ方として数えるので，回転させても変(か)わらないものを基準に考えていくとよさそうです。
例えば，チョコケーキの数は回転させても変わらないですね。「チョコケーキが1個のときは…，チョコケーキが2個のときは…」と調べていきましょう。

ここまでのヒントで解けなければ解答へ（別冊 p.36）

02 席替え

難しさ ★☆☆
目標時間 5分

ヨシユキ，リョウタ，フミヤ，タカヤの４人が横一列で椅子に座っていました。
席替えをしたところ，席が変わらなかった人はいませんでした。

ヨシユキ「ぼくの席は，さっきまでリョウタが座っていた席だよ」
リョウタ「ろうか側に１つ移動したよ」
フミヤ　「席替え前は，はしの席だったよ」
タカヤ　「２つ窓側に移動したよ」

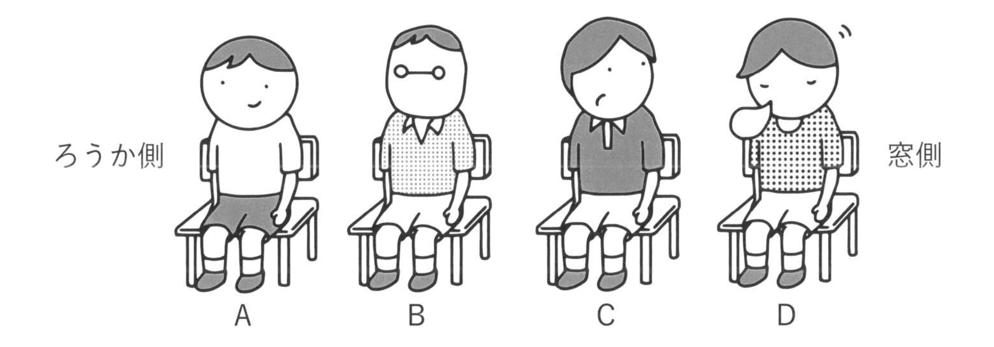

問　席替えの後，４人はどの席に座っていますか。

A（　　　　　）B（　　　　　）C（　　　　　）D（　　　　　）

5分考えてわからなかったら次ページのヒントへ →

ヒント

1 1人のセリフに注目して，席替えの前と後の席を考えよう。

4人のセリフのうち，なるべく考えられる可能性が少ないセリフに注目したほうが，考えやすくなりますね。

例えば，タカヤのセリフに注目して，席替えの前と後の席を考えましょう。

ヒント

2 タカヤのセリフから考えられる可能性をまとめよう。

タカヤのセリフから考えられる席のパターンは2通りあります。

	A	B	C	D
席替え前	タカヤ			
席替え後			タカヤ	

	A	B	C	D
席替え前		タカヤ		
席替え後				タカヤ

さらに，他の人のセリフからわかることも，付け加えていきましょう。

ここまでのヒントで解けなければ解答へ（別冊 p.37）

03 重いチョコを見つけよう

難しさ ★☆☆

目標時間 5分

ナツミは，10g のチョコレートを16個つくりました。
しかし，そのうち1つだけ11g になってしまったようです。
何 g かがわかるはかりを使って11g のチョコレートを見つけ出そうと思います。

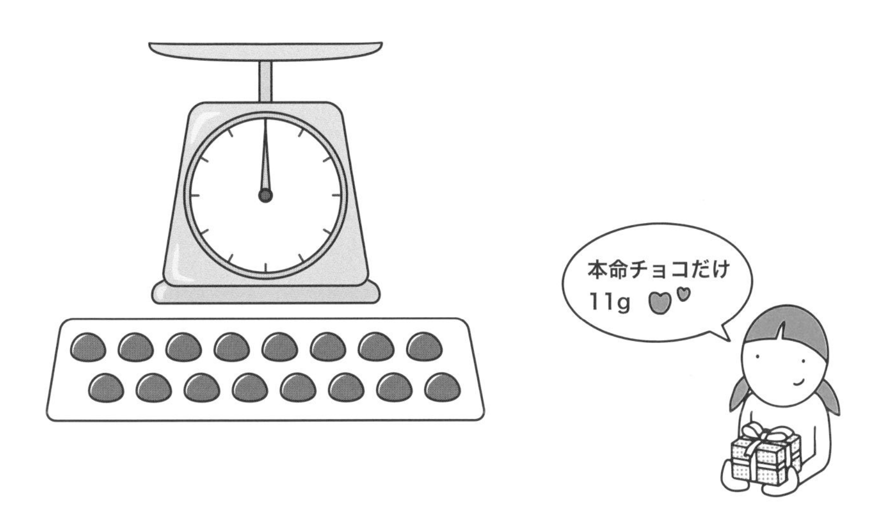

問 **何回重さをはかれば，11g のチョコレートを必ず見つけることができるでしょうか。最も少ない回数を答えましょう。**

（　　　　　）回

5分考えてわからなかったら次ページのヒントへ ➔

ヒント

1 はかりにのせると，どんなことがわかるだろう。

例えば，チョコレートを3個はかりにのせたとします。
すると，30g か31g を示すはずです。
このとき，30g だったらのせた3個のチョコレートはすべて10g であることがわかり，31g だったらのせた3個のチョコレートの中に11g のチョコレートが混ざっていることがわかります。
つまり，はかりを使えば，「11g のチョコレートが，はかりにのせた中にあるか，はかりにのせていないほうにあるのか」がわかります。

ヒント

2 最も少ない回数で11g のチョコレートを見つけるには？

例えば，チョコレートを1個ずつはかりにのせたとします。
運がいいと1回目で11g のチョコレートを見つけられますが，運が悪い場合は15回目まで見つけることができません(15回目まで10g が続いたら，残った1個が11g のチョコレートとわかる)。
どうしたら，効率よく探すことができるでしょう。

ここまでのヒントで解けなければ解答へ（別冊 p.40）

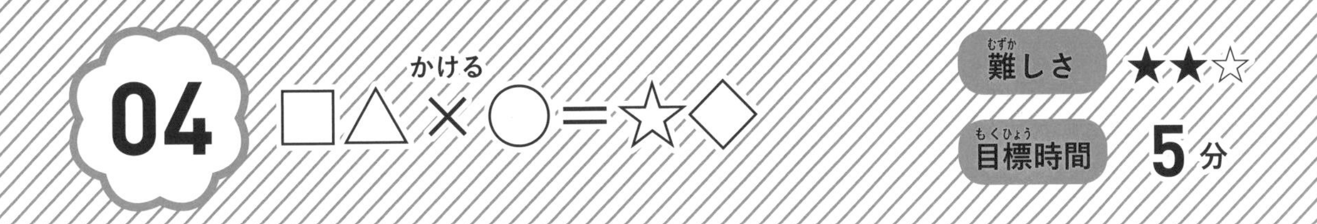

次の式に１～５の数字を１つずつ入れて，正しい式にしましょう。

□△×（かける）○＝☆◇

問 かけ算の答えはいくつになりますか。

（　　　）

5分考えてわからなかったら次ページのヒントへ ➔

ヒント

1 どこに入る数字を基準に考えるといいかな。

かける数である○だけが１けたなので，○が１だったら，○が２だったら，……と順番に調べていくとよさそうです。

ヒント

2 ○に１を入れたら，○に２を入れたら，どうなるかな？

かける数である○が１だとすると，かけられる数とかけ算の答えは同じになるはずです。

しかし，１～５の数字を１つずつ使わないといけないので，○は１ではないとわかります。

○に２を入れるとどうでしょう。

かけ算の答えは偶数（０，２，４，６，８，……など，２でわり切れる整数）になるはずなので，一の位の◇は，１～５のうちの，２以外の偶数である４になるはずです。しかし，そうなるためには，かけられる数の一の位である△が２か７でなくてはならず，１～５の数字を１つずつ使うことはできません。つまり，かける数の○は２でもないとわかります。

同じように，○に３，４，５を入れたらどうなるのかも調べて答えを探しましょう。

ここまでのヒントで解けなければ解答へ（別冊 p.41）

05 チョコクッキーとミルククッキー

難しさ ★★☆
目標時間 5分

ソラ，ユキ，ノゾミ，トオルの４人は，チョコクッキーとミルククッキーを買いました。
チョコクッキーを１枚，２枚，３枚，４枚買った人が１人ずつ，ミルククッキーも１枚，２枚，３枚，４枚買った人が１人ずついます。

「ぼくが合計でいちばんたくさん買ったね」

「合計の枚数が同じ人はいないよ」

ノゾミ
「ミルククッキーを４枚買ったよ」

「チョコクッキーよりミルククッキーを多く買ったよ」

問　トオルは，チョコクッキーとミルククッキーをそれぞれ何枚ずつ買ったでしょうか。

チョコクッキー（　　　　　）　ミルククッキー（　　　　　）

5分考えてわからなかったら次ページのヒントへ ➔

ヒント

1 表にまとめて整理していこう。

チョコクッキーもミルククッキーも1枚，2枚，3枚，4枚買った人が1人ずつなので，下のような表にわかることをまとめていきましょう。ノゾミのミルククッキーの数はすぐにわかりますね。

	チョコクッキー				ミルククッキー				
	1	2	3	4	1	2	3	4	合計枚数
ソラ								×	
ユキ								×	
ノゾミ					×	×	×	○	
トオル								×	

ヒント

2 トオルの「チョコクッキーよりミルククッキーを多く買ったよ」に注目しよう。

トオルのクッキーの数に注目してみましょう。
トオルはミルククッキーを最(もっと)も多くて3枚買っている可能性(かのうせい)があるので，チョコクッキーは多くても2枚だとわかります。
また，チョコクッキーは最も少ない場合1枚の可能性があるので，ミルククッキーは少なくとも2枚は買っているとわかります。

ここまでのヒントで解けなければ解答へ（別冊 p.42）

06 7のつくり方

難しさ ★★★
目標時間 5分

1以上の整数をたして，
3をつくる方法は，1+1+1，1+2，2+1の3通り，
4をつくる方法は，
1+1+1+1，1+1+2，1+2+1，1+3，2+1+1，2+2，3+1の7通りあります。

問 1以上の整数をたして，7をつくる方法は，何通りありますか。

（　　　　）通り

5分考えてわからなかったら次ページのヒントへ →

ヒント

1 2，3，4をつくる方法を見比べて，規則性を見つけよう。

2をつくる方法は，1+1の1通りであることも含めて整理すると，次のようになります。

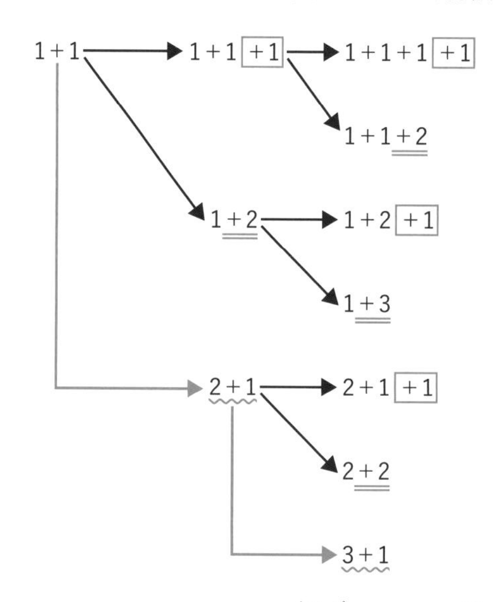

つまり，1つ前の方法のそれぞれに対し，「最後に+1を加えたもの(□)」「最後の数字を1大きい数字にしたもの(＝＝)」の2通りが考えられます。さらに，それとは別に新しく，「最初の数字を1大きい数字にしたもの(〰〰)」も増えます。

この規則は，5以上をつくる方法についても同様です。

ここまでのヒントで解けなければ解答へ（別冊 p.46）

07 映画(えいが)の時間

難(むずか)しさ ★★★
目標時間(もくひょうじかん) 5分

リョウジは上映時間が1時間35分の映画を見ました。
すると，映画が終わった時刻(じこく)は，映画が始まった時刻を表す4つの数字を並(なら)び替(か)えたもので，すべての数字の位置(いち)が入れ替わっていました。
映画を見ている最中(さいちゅう)に，日付(ひづけ)は変(か)わっていません。

問 **リョウジが映画を見終わったのは，何時何分ですか。**
（ただし，24時間表記で考えるものとします。例(たと)えば午後1時は「13：00」と表記します。）

（　　　　　）時（　　　　　）分

5分考えてわからなかったら次ページのヒントへ ➔

ヒント

1 「何時」から考えよう。

「時」は00〜23まで，「分」は00〜59まであります。候補（こうほ）が少ない「時」のほうから，始まりの時刻と終わりの時刻を考えていきましょう。

ヒント

2 上映時間が１時間35分ということは？

上映時間が１時間35分なので，終わった時刻の「時」は，始まった時刻の「時」よりも１または２大きいことがわかります。
すべての数字の位置が入れ替わるということなので，頭の数字は見始めたのが０なら見終わると１に，見始めたのが１なら見終わると２に変わるということです。
考えられる「時」は次の６つとわかります。

始まり		終わり
08	→	10
09	→	10
09	→	11
18	→	20
19	→	20
19	→	21

それぞれ，成（な）り立（た）つ「分」があるかも探（さが）していきましょう。

ここまでのヒントで解けなければ解答へ（別冊 p.48）

5

STEP

第5章 ステップ回路

解決（かいけつ）に向けて手順を組み立てる

01 紙を切り出そう

難(むず)しさ ★☆☆

目標時間(もくひょうじかん) 5分

トシハルは①の紙を切って，②の大きさの紙をなるべく多くつくろうと思っています。

①

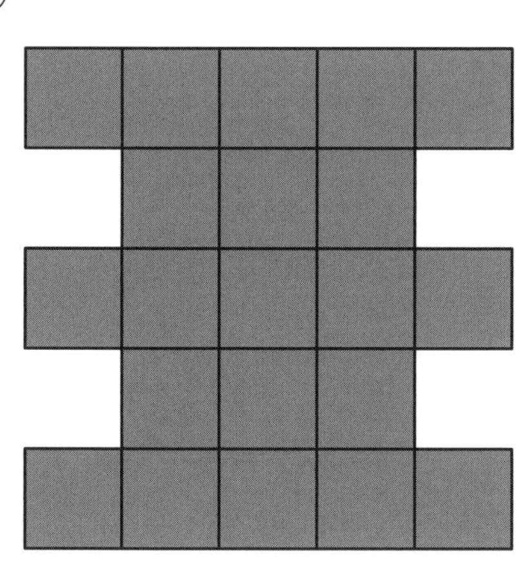

②

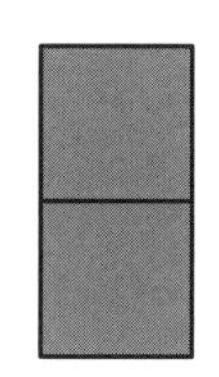

問 ②の大きさの紙を何枚(なんまい)つくることができますか。

（　　　　　）枚

5分考えてわからなかったら次ページのヒントへ ➔

＼ヒント／

1 なるべくたくさん②の紙をつくろう。

①の紙は21マス，②の紙は２マスなので，10枚より多くはつくれなさそうですが，10枚つくることはできるでしょうか。いろいろ試(ため)してみましょう。

＼ヒント／

2 はしから②の紙を切り取っていこう。

②の紙をなるべく多く切り取りたいので，できるだけムダが出ないように切り取っていく必要(ひつよう)がありますね。
①の紙の出っぱっている部分を使うように②の紙を切り出していきましょう。

ここまでのヒントで解けなければ解答へ（別冊 p.50）

02 クリスマスプレゼント

難しさ ★☆☆
目標時間 5分

クリスマスプレゼントの箱が５つあります。
このうち２つの箱にはプレゼントが入っていますが，残りの箱には入っていないそうです。プレゼントについて，次のことがわかっています。
・Ａ，Ｂ，Ｄのうちプレゼントが入っているのは１つ
・Ｂ，Ｃ，Ｅのうちプレゼントが入っているのは１つ
・Ａ，Ｃ，Ｅのうちプレゼントが入っているのは１つ

ケイコはどうしてもプレゼントがほしいと思っています。
しかし，もらえる箱は１つだけです。

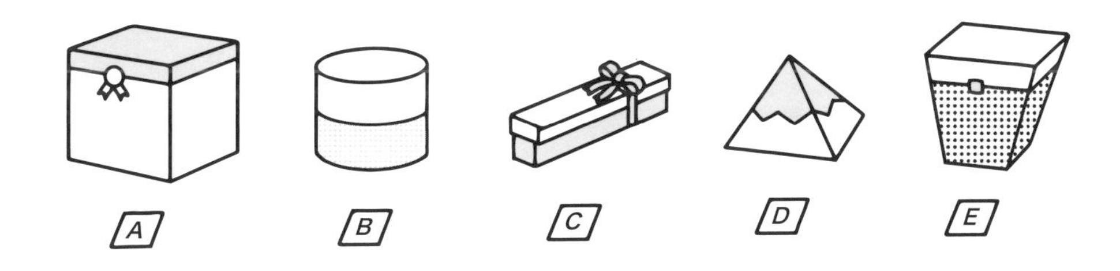

問　ケイコは，どの箱をもらえばいいでしょうか。

(　　　　　　　)

5分考えてわからなかったら次ページのヒントへ ➔

ヒント 1

プレゼントが入っている箱は２つしかないことに注目しよう。

プレゼントは２つにしか入っていません。

つまり，「A，B，Dのうちプレゼントが入っているのは１つ」ということは，A，B，D以外(いがい)の２つのうちどちらかにプレゼントがあることもわかりますね。

ヒント 2

６つの情報(じょうほう)を見比(みくら)べよう。

問題に書いてある３つの情報と，ヒント１のようにしてわかった３つの情報を見比べてみましょう。

例(たと)えば，「A，B，Dのうちプレゼントが入っているのは１つ」と「B，Dのうちプレゼントが入っているのは１つ」を比べると，何がわかるでしょうか。

ここまでのヒントで解けなければ解答へ（別冊 p.51）

03 折り紙

難しさ ★☆☆

目標時間 5分

トモアキは，正方形の折り紙を１回折って，下のような形を作りました。

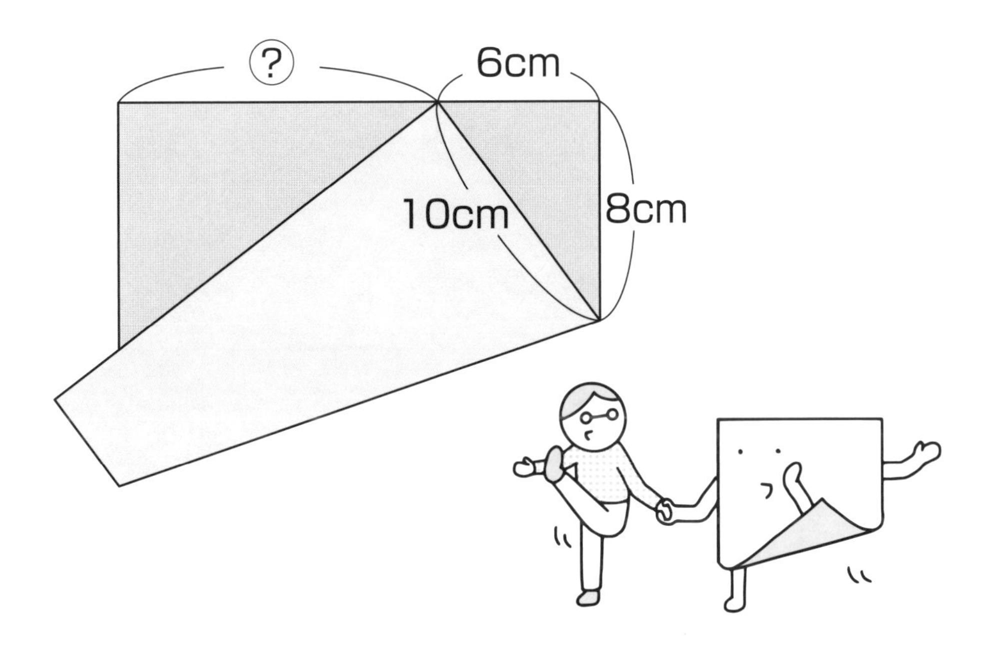

問 ?の長さは何cm ですか。

(　　　　　) cm

5分考えてわからなかったら次ページのヒントへ ➔

ヒント 1

素直に考えてみよう。

算数が得意な人ほど，「右上と左上は直角三角形で相似(大きさは違うけど同じ形)だから…」などと考えてしまうかもしれません。
もっと，シンプルに解くことができます。

ヒント 2

折ってある紙を開いたらどうなるか考えてみよう。

紙を開いても，長さは変わらないですね。
紙を開いたらどうなるのかをかいて考えてみましょう。

ここまでのヒントで解けなければ解答へ（別冊 p.52）

04 ペットの名前

ハル，ナツキ，アキコ，フユミは，イヌ，ネコ，ウサギ，ハムスターのうち，どれか1種類を飼っています。同じ種類のペットを飼っている人はいません。
4人のペットの名前は，太郎，次郎，三郎，四郎です。

ハル　「ぼくが飼っているのは三郎だよ。
　　　　ハムスターではないんだ」
ナツキ「ウサギの名前は太郎じゃないよ」
アキコ「私が飼っているのはウサギだよ」
フユミ「ネコの名前は四郎よね。
　　　　私はネコは飼ってないけど」

問　フユミの飼っている，動物の種類と名前はなんですか。

動物の種類（　　　　　　）　**名前**（　　　　　　）

5分考えてわからなかったら次ページのヒントへ ➔

ヒント

1 表をつくって，わかるところからまとめていこう。

4人のセリフからわかることを表にまとめてみましょう

例(たと)えば，ハルのセリフからわかることを書くと，次のようになります。

	動物の種類	名前
ハル	ハムスター（×）	三郎
ナツキ		
アキコ		
フユミ		

他の3人のセリフからわかることも書いていきましょう。動物の種類と名前の関係(かんけい)だけがわかるときは，表の外にメモしてもいいですね。

ヒント

2 ネコの四郎を飼っているのはだれかな。

4人分まとめることはできましたか？

ネコの四郎を飼っている人がわかりそうです。

ここまでのヒントで解けなければ解答へ（別冊 p.52）

05 サッカー対決

難しさ ★★☆

目標時間 5分

A組，B組，C組，D組の4クラスでサッカーの総当たり戦をしました。
試合に勝つと3点，負けると0点，引き分けだと1点の勝ち点をもらえます。

A組「ぼくたちが最下位だったよ」
B組「C組との試合に負けちゃった」
C組「私たちは勝ち点が5点だったよ」
D組「わーい！　優勝だ！」

問　B組の勝ち点は何点ですか。

（　　　　　　）点

5分考えてわからなかったら次ページのヒントへ ➔

ヒント 1

対戦表(たいせんひょう)を作って考えよう。

次のような対戦表に，わかることを整理していきましょう。

	A組	B組	C組	D組	勝ち点
A組					
B組					
C組					
D組					

ヒント 2

4人のセリフからわかることは？

B組「C組との試合に負けちゃった」から，C組がB組に勝っていることもわかります。

	A組	B組	C組	D組	勝ち点	
A組						最下位
B組			×			
C組		○			5点	
D組						優勝

ここまでのヒントで解けなければ解答へ（別冊 p.54）

06 こつこつ貯金

難しさ ★★★

目標時間 5分

ユウヤは，１月１日から毎日貯金をすることにしました。
１月１日には，からの貯金箱に100円入れました。
１月２日は，貯金箱に入っている金額を２でわった分の額のお金を貯金箱に入れ，
１月３日は，貯金箱に入っている金額を３でわった分の額のお金を貯金箱に入れ，
１月４日は，貯金箱に入っている金額を４でわった分の額のお金を貯金箱に入れ，
…というように，貯金をしていきます。

問　１月31日に貯金箱にお金を入れた後，貯金箱には何円入っていますか。

（　　　　　）円

5分考えてわからなかったら次ページのヒントへ ➔

1月1日から順番に，貯金箱に入れた金額と合計金額を考えよう。

1月1日から順番に，貯金箱に入れたお金と貯金箱に入っているお金を考えていきましょう。

表をつくって考えるとよさそうです。

日付	貯金箱に入れたお金	貯金箱に入っているお金
1月1日		
1月2日		
1月3日		
1月4日		

⋮

それぞれの日に貯金箱に入れたお金と貯金箱に入っているお金をうめましょう。
何か法則は見えてきますか？

ここまでのヒントで解けなければ解答へ（別冊 p.56）

07 スペードとハートのカード

難しさ ★★★

目標時間 5分

ミサキは，トランプのスペードの１～９とハートの１～９を用意して，スペードとハートが表裏になるようにはり合わせて下のような９枚のカードをつくりました。
表と裏の数字の合計が同じになるカードはありませんでした。
また，いちばん小さい合計は５，いちばん大きい合計は16でした。

ハートの５の裏はスペードの５です。

問　スペードの６の裏は，ハートの何ですか。

ハートの（　　　　　）

5分考えてわからなかったら次ページのヒントへ ➔

ヒント

1 表に整理して考えてみましょう。

表と裏の数字を探(さぐ)るために，次の表にわかることをまとめてみましょう。表には，たて・横でそれぞれ１か所ずつ○が入るはずです。

		♥								
		1	2	3	4	5	6	7	8	9
♠	1									
	2									
	3									
	4									
	5									
	6									
	7									
	8									
	9									

まずは見えているカードからわかることをうめます。

次に，９枚のカードをすべて裏返すとどうなるかも考えてみましょう。

そして「いちばん小さい合計は５」,「いちばん大きい合計は16」,「ハートの５の裏はスペードの５」を考えていきます。

ここまでのヒントで解けなければ解答へ（別冊 p.58）

がんばった自分に
ごほうび

おわりに

たくさんの問題にチャレンジしてくださって，ありがとうございます。

自分ひとりで少し難しい問題を考え抜いて，糸口が見つかったときの嬉しさは
感じられたでしょうか。また，じっくり考え抜いた後に解説を見て，
「なるほど！」と思えた経験はあったでしょうか。この回路を使うのは得意，
この回路を使うのは苦手など，自分の考え方のクセもわかったはずです。

「考えることは楽しい」「考えたから，理解が深まった」など，
考えることが今までよりも好きと思っていただけたなら光栄です。

考えることは，子どもから大人まで，学校でも会社でもプライベートでも，
日常のあらゆる物事を，よりよくしたいときに行っています。
日常の場面で困ったり悩んだりしたとき，「どういう風に人は考えるものなのか」
を知っていることが，解決に近づくヒントになるはずです。

人は何かを考える時，かならず次のような手順があります。
周りの状況を調べ（スキャン回路），解決するための手段を考え（クリエイト回路，
リバース回路，ノック回路），それを１つ１つ実行していく（ステップ回路），
という手順です。「5つの思考回路」は，これらの手順を分解したものなのです。

「5つの思考回路」を使いこなすことで，思考の手順のどこでつまずいているのか，
次の手順に進むためにはどの回路を発揮すればいいのか，

1つ前の手順に戻ったほうがいいのかなど，“考える”ときに
何をすべきなのかがわかります。

この本の問題を通じて“考える”ことのしくみを知ったあなたは，
様々な問題解決が必要な場面でも「思考力」を発揮できるはずです。

私たちは，『5分で論理的思考力ドリル』以外にも，
考えることを楽しむ教材を用意しています。

- ロボット制作の体験を通じて，探究心や創造力，未来を切り拓く思考力を育むロボット・プログラミング学習キット『KOOV®』
- 身近な題材をテーマにトライ＆エラーを繰り返すことで，プログラミング的思考を育むビジュアル・プログラミング教材『PROC®』

また，学習の記録や成績証明書を管理するための
ブロックチェーンシステムである『教育データネットワーク』を開発し，
e-ポートフォリオサービスで利用しています。

私たちは，こうした教材や活動を通して，
様々な人が問題や課題について「考えたこと」を蓄積しています。そうすることで，
みなさんの思考力がもっと活用できる社会を実現しようとしています。

最後になりましたが，この本を作成するにあたり，
私たちの思いを汲み取り大変ご尽力いただいた，学研プラスの宮﨑純さん，
佐藤史弥さんに感謝申し上げます。

ソニー・グローバルエデュケーション

著 …… ソニー・グローバルエデュケーション
問題・解説作成 …… 横井 浩子
装丁＋アートディレクション …… 寄藤 文平（文平銀座），北谷 彩夏
本文デザイン …… 株式会社 デジカル
企画・編集 …… 佐藤 史弥，宮﨑 純
編集協力 …… 森 一郎
校正 …… 秋下 幸恵，西川 かおり，林 千珠子，渡辺 泰葉
イラスト …… 大野 文彰（大野デザイン事務所）
図版 …… 熊アート
DTP …… 株式会社 新後閑

この本は下記のように環境に配慮して製作しました。
・製版フィルムを使用しないCTP方式で印刷しました。
・環境に配慮した紙を使用しています。

5分で論理的思考力ドリル
ちょっとむずかしめ

5分で論理的思考力ドリル

ちょっとむずかしめ

別冊解答

Gakken

第1章　スキャン回路

01 かけっこ

解説(かいせつ)

ミユキの「タケシに勝ったよ」から，
ミユキ→タケシの順(じゅん)でゴールしたことがわかります。
さらに，サヤカの「ミユキより先にゴールしたよ」も合わせると，
サヤカ→ミユキ→タケシの順でゴールしたことがわかります。
これは，タケシの「サヤカに負けちゃった」ともあっています。

次に，フミヤの「ゴール直前で２位(い)の人を抜(ぬ)かして，そのままゴールしたよ」に注目しましょう。
２位の人を抜かして，そのままゴールしたということは，フミヤは何位になったのでしょうか。
１位になったと考えてしまいそうですが，２位の人を抜いた人は２位に，抜かされた人は３位になりますね。
つまり，フミヤは２位でゴールしたとわかります。

したがって，
サヤカ→フミヤ→ミユキ→タケシの順でゴールしたとわかります。

答

サヤカ → フミヤ → ミユキ → タケシ

02 何マス分？

解説

色がぬられている部分のマスの数を直接求めるのは大変そうですね。
色がぬられていない部分に注目すると，４つの三角形があることがわかります。

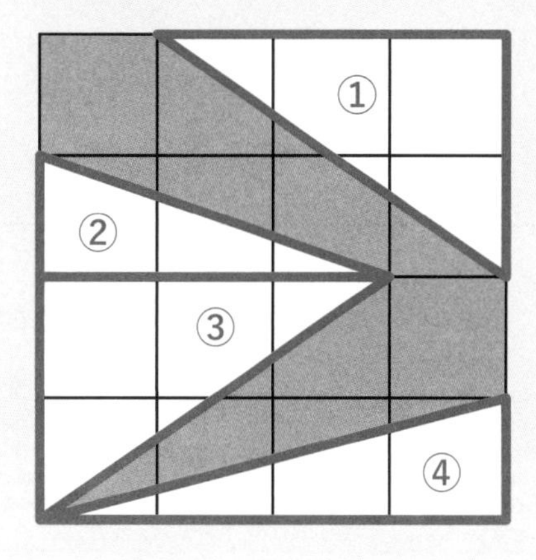

マス全体から，この４つの三角形のマスの数をひけば，色がぬられている部分のマスの数を求めることができます。

①のマスの数　６つ分の半分だから３

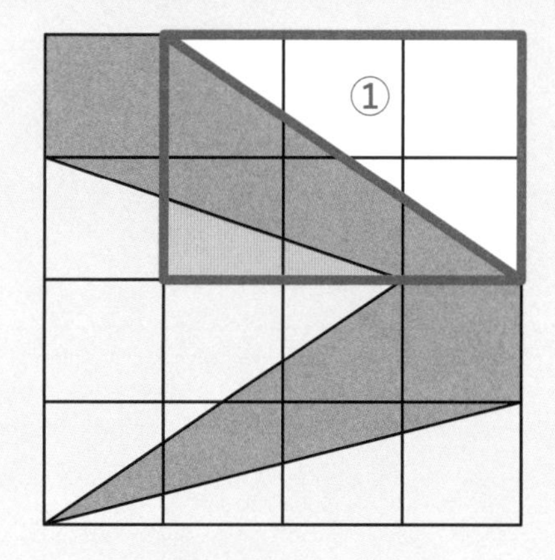

②のマスの数　３つ分の半分だから1.5

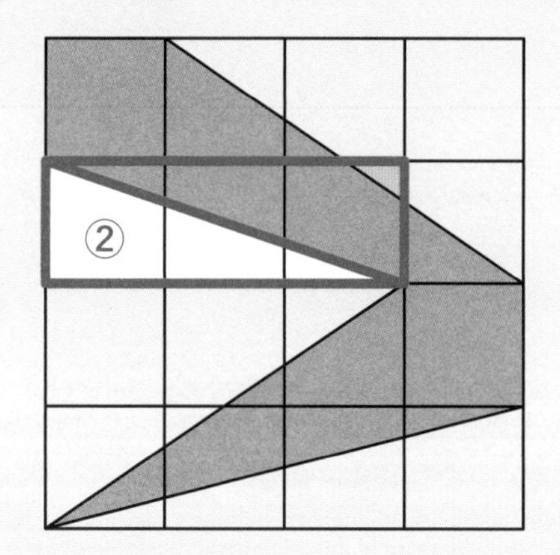

③のマスの数　6つ分の半分だから3

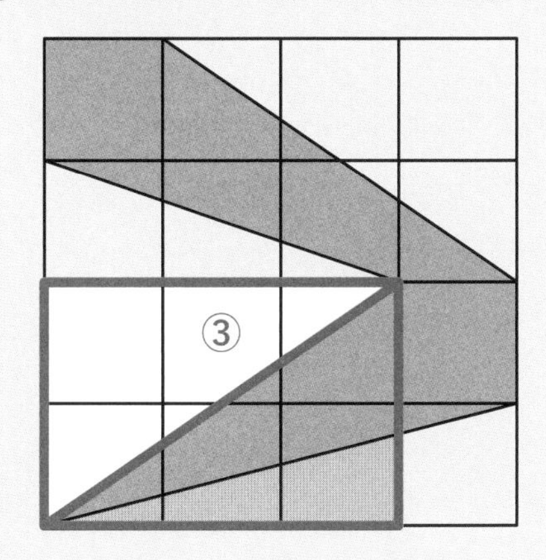

④のマスの数　4つ分の半分だから2

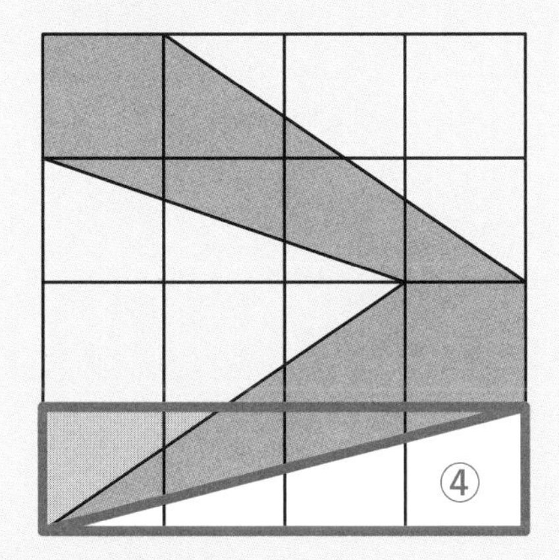

全体のマスの数は4×4＝16(マス)なので，
色のぬられているマスの数は

16－(3＋1.5＋3＋2)＝6.5(マス)

答

6.5マス分

別解

1マスを1 m^2(1辺が1 mの正方形)と考えて，三角形の面積の公式を使って求めることもできます。
色がぬられていない部分に注目すると，3つの三角形があることがわかります。

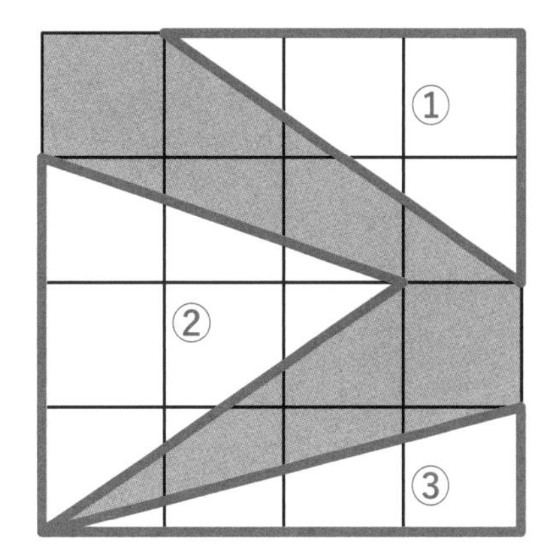

全体の面積から，この3つの三角形の面積をひけば，色がぬられている部分の面積を求めることができます。

①の面積　3×2÷2＝3(m^2)
②の面積　3×3÷2＝4.5(m^2)
③の面積　4×1÷2＝2(m^2)

全体の面積は4×4＝16(m^2)なので，色のぬられている部分の面積は

16－(3＋4.5＋2)＝6.5(m^2)

1マスは1 m^2なので，色のぬられているマスは6.5マス分あります。

03 ウソつきはだれ？

解説

タカヤとトウコのセリフに注目します。
ウソつきは１人しかいないのに，タカヤは「ウソつきはトウコ」と，トウコは「ウソつきはミサキ」と違う人のことをウソつきと言っています。つまり，タカヤかトウコのどちらかがウソをついているとわかります。
タカヤかトウコのうちどちらかがウソつきということは，ミサキは正しいことを言っているとわかります。
つまり，「タカヤはウソつきじゃないよ」は正しいということなので，ウソつきはトウコとわかります。

答

トウコ

04 5枚のカード

解説

1枚のカードの表と裏に書いてある文字と数字は，どちらか片方しか見ることができず，同時に両方は見られません。
次の表に，表裏の組み合わせとして違うとわかるところに，×をつけながら考えていきます。

	1	2	3	4	5
A					
B					
C					
D					
E					

1回目のE，5，A，D，4が見えているということは，A，D，Eの裏は4でも5でもないことがわかります。
また，1回目のカードをすべてひっくり返すと，いま見えていないB，C，1，2，3になります。
したがって，B，Cの裏は1，2，3ではないことがわかります。

	1	2	3	4	5
A				×	×
B	×	×	×		
C	×	×	×		
D				×	×
E				×	×

2回目のD，A，4，B，3が見えているということは，A，B，Dの裏は3でも4でもないことがわかります。
また，2回目のカードをすべてひっくり返すと，いま見えていないC，E，1，2，5になります。
したがって，C，Eの裏は1，2，5ではないことがわかります。

	1	2	3	4	5
A			×	×	×
B	×	×	×	×	
C	×	×	×		×
D			×	×	×
E	×	×		×	×

これで，Ｂ，Ｃ，Ｅの裏がわかります。

	1	2	3	4	5
A			×	×	×
B	×	×	×	×	○
C	×	×	×	○	×
D			×	×	×
E	×	×	○	×	×

最後に，３回目のカードも確認しましょう。
１，３，Ｃ，５，Ｄが見えているということは，Ｃ，Ｄの裏は１，３，５ではないことがわかります。
また，３回目のカードをすべてひっくり返すと，いま見えていないＡ，Ｂ，Ｅ，２，４になります。
したがって，Ａ，Ｂ，Ｅの裏は２，４ではないことがわかります。

	1	2	3	4	5
A		×	×	×	×
B	×	×	×	×	○
C	×	×	×	○	×
D	×		×	×	×
E	×	×	○	×	×

これで，すべてのカードの表と裏がわかりました。

	1	2	3	4	5
A	○	×	×	×	×
B	×	×	×	×	○
C	×	×	×	○	×
D	×	○	×	×	×
E	×	×	○	×	×

答

Ａ（　１　）　Ｂ（　５　）　Ｃ（　４　）
Ｄ（　２　）　Ｅ（　３　）

05 1列に並ぶと

解説

前後で並んだ2人だけの身長を比べると
❶後ろの人のほうが背が高い(＝前の人のほうが背が低い)
❷後ろの人のほうが背が低い(＝前の人のほうが背が高い)
のどちらかの関係になっているはずです。

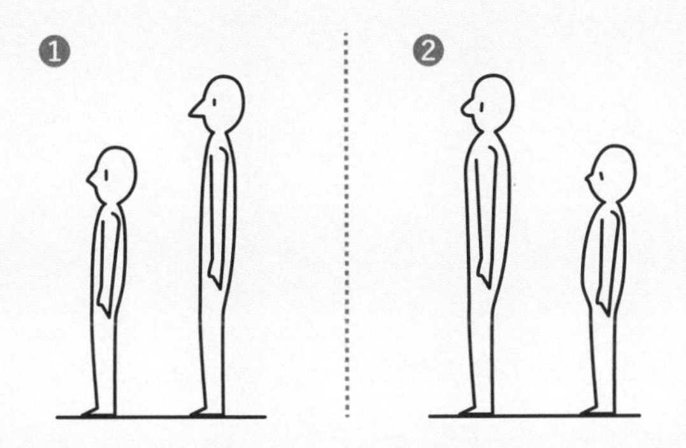

すると，問題文にある「前の人より自分のほうが背が高い」と言った11人は❶の関係にあるとわかります。❶の関係の，後ろにいる人ですね。
また，「後ろの人より自分のほうが背が低い」と答える人も11人いることになります。❶の関係の，前にいる人です。

問いの「後ろの人より自分のほうが背が高い」と答える人は，❷の関係の，前にいる人です。
つまり，❷の関係が何か所あるかを答えればいいとわかります。

次に，身長が比べられる場所が何か所あるかを考えてみましょう。
全部で28人が1列に並んでいる点に注目すると，前後で並んだ2人の身長を比較できる場所は27か所になります。

1か所め 2か所め 26か所め 27か所め
1 2 3 26 27 28

同じ身長の人はいないので，それぞれの場所は❶か❷の関係の，どちらかです。
問題文から，❶「後ろの人のほうが背が高い」を満たす場所は11か所であることがわかるので，❷「後ろの人のほうが背が低い」ことを満たす場所は，27－11＝16(か所)とわかります。

❷の関係にある，前にいる人が「後ろの人より自分のほうが背が高い」と言うので，答えは16人です。

答

16人

06 ハガキを出し忘れた！

解説

「ハガキを出し忘れた！」と気づいた地点を☆として，メグミが歩いた様子と，わかっている距離を図にすると次のようになります。

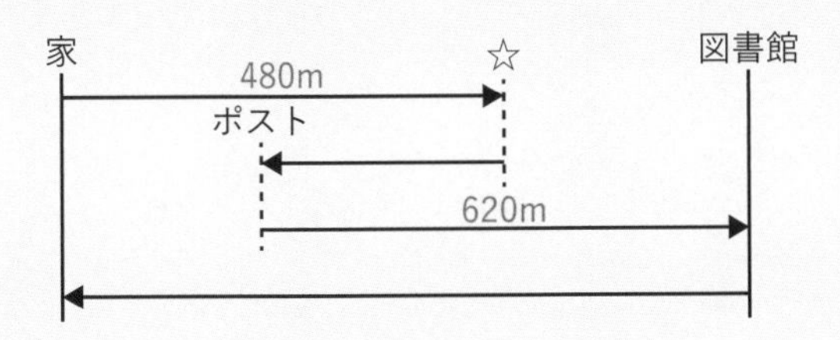

☆からポストまでの距離と，図書館から家までの距離はわかりませんが，この距離の合計は，家から☆までと，ポストから図書館までの距離の合計と同じだとわかります。
つまり，次の［図１］と［図２］の色がついた２本の矢印は，同じ長さということです。

［図１］

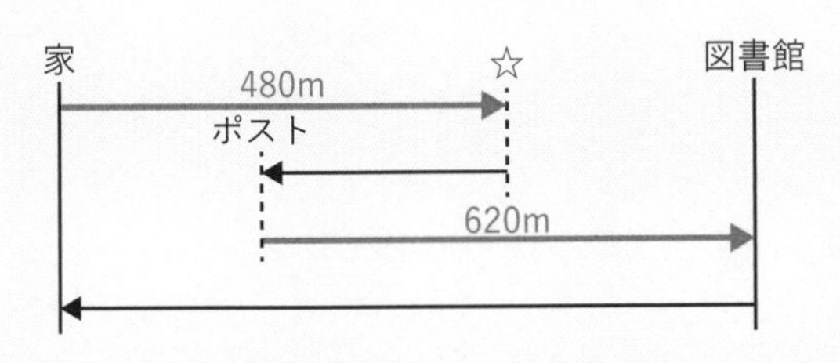

［図２］

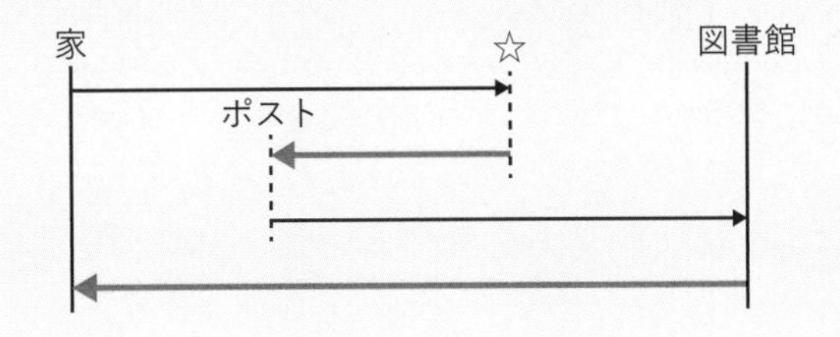

したがって，メグミが行きと帰りで歩いた距離は，(480+620)×2＝2200(m)とわかります。

答

2200m

07 本のページ

解説

ジュン，ミユキ，ナツミ，コズエのそれぞれのページ番号を調べてみましょう。

左右のページ番号は，1違うはずなので，
ジュンの開いたページの，小さいページ番号のほうを□とすると

$\square+(\square+1)=121$

となります。

$\square+\square=121-1\quad\square=60$

よって，ジュンの開いたページの，小さいほうのページ番号は60だとわかります。

同様にして，
ミユキの小さいほうのページ番号は

$\square+(\square+1)=133\quad\square=66$

ナツミの小さいほうのページ番号は

$\square+(\square+1)=97\quad\square=48$

コズエの小さいほうのページ番号は

$\square+(\square+1)=115\quad\square=57$

とわかります。

ここで，コズエだけ小さいほうのページ番号が奇数(1，3，5，7，9，……など，2でわり切れない整数)になっていることに注目しましょう。本を開くと，偶数ページも奇数ページも2ずつ増えるので，
小さいほうのページ番号が偶数ならずっと偶数，奇数ならずっと奇数です。

よって，同じ本を読んでいるはずなのに小さいほうのページ番号が奇数になってしまうコズエだけ，計算間違いをしているということがわかります。

答

コズエ

別解

本を開いたときの左右のページ番号は，1違うはずなので，その和は必ず奇数になっているはずです。4人とも奇数を答えているので，これだけではだれが間違えているかまだわかりませんね。

せっかくなので，この本のページ番号で考えてみましょう。

最初のほうをパラパラめくって，左右のページ番号をたし合わせると

$2+3=\mathbf{5}$，$4+5=\mathbf{9}$，$6+7=\mathbf{13}$，
$8+9=\mathbf{17}$，$10+11=\mathbf{21}$，$12+13=\mathbf{25}$

となっています。4ずつ大きくなっていることがわかりますね。

同じ本では，左右のページ番号の和は，4ずつ違っている，つまり，4でわったときのあまりが同じになるはずです。

ジュン：121÷4＝30あまり1

ミユキ：133÷4＝33あまり1

ナツミ：97÷4＝24あまり1

コズエ：115÷4＝28あまり3

ジュン，ミユキ，ナツミはあまり１，コズエだけあまり３なので，コズエが計算間違いをしているとわかります。

第2章　クリエイト回路

01 リンゴ狩り

解説

問題文から5人で24個のリンゴをとったとわかります。

また，イラストの情報のうち，同じ人が重ならない2つの関係に注目してみましょう。例えば，次の2つに注目します。

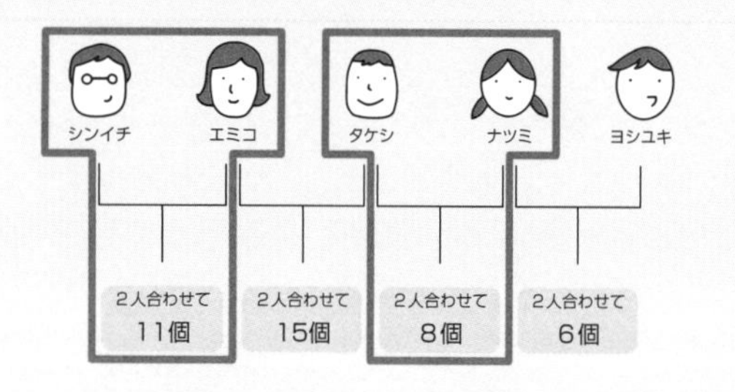

すると，シンイチ，エミコ，タケシ，ナツミの4人で

　11＋8＝19(個)

のリンゴをとったとわかります。

このことから，ヨシユキは

　24－19＝5(個)

のリンゴをとったとわかります。

あとは，イラストの情報から順番に求めていきましょう。

ナツミとヨシユキで6個なので，

ナツミは，6－5＝1(個)

タケシとナツミで8個なので，

タケシは，8－1＝7(個)

エミコとタケシで15個なので，

エミコは，15－7＝8(個)

シンイチとエミコで11個なので，

シンイチは，11－8＝3(個)

答

シンイチ(　3個　)　エミコ(　8個　)

タケシ(　7個　)　ナツミ(　1個　)

ヨシユキ(　5個　)

02 片付けよう

答

③

解説

セットの積み木４つを，箱にぴったり片付けることができるということは，積み木のマス目の合計が，箱に入れられるマス目の数と同じになるということです。
箱のマス目は16マスあります。つまり，セットの積み木４つのマス目も合計で16マスです。
①～⑤の積み木を全部合わせると，
2＋3＋4＋5＋6＝20（マス）分になります。
つまり，混ざってしまった積み木は，
20－16＝4（マス）分だとわかります。
４マス分の積み木は③なので，③が混ざってしまった積み木だとわかります。
下の図のように つめれば，③を使わずにぴったり片付けることができます。

（例）

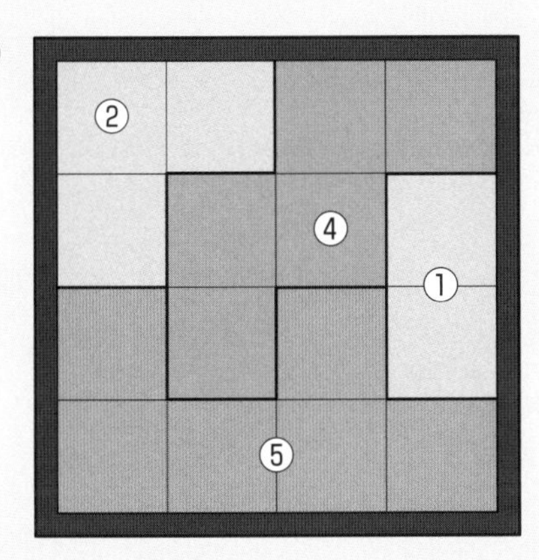

03 ナンモンのテスト？

解説

5点の問題と8点の問題を合わせて，全部で100点のテストなので，

5×（5点の問題の数）+8×（8点の問題の数）=100

と表せます。

ここで，5点の問題の数によって5点の合計点は，5，10，15，……，95になることから，8点の合計点は，

8×5=40か，8×10=80しか考えられません。

それぞれの場合の5点の問題の数も求めると，

・8点の問題5問　　5点の問題：12問
・8点の問題10問　　5点の問題：4問

ぴったり100点になるのは，この2つの場合だけです。

次に，メグミが正解した問題数を考えてみます。

メグミは，5点の問題と8点の問題で合計62点をとっているので，

5×（5点の問題の正解数）+8×（8点の問題の正解数）=62

これも5点の合計点の一の位は，必ず5か0になります。メグミの点数が62点ということは，

8×（8点の問題の正解数）の，一の位が7か2にならないと成り立ちません。

このようになるのは，

・8点の問題の正解数が4問の場合の
8×4=32（点）か，
・8点の問題の正解数が9問の場合の
8×9=72（点）

となりますが，72点はメグミの点数の62点を超えてしまっているので，メグミは8点の問題を4問正解したのだとわかります。

さらに，5点の問題は，

(62−32)÷5=6（問）正解しているとわかりました。

テストの問題は，メグミが正解した問題数より多いので，8点の問題は4問より多く，5点の問題は6問より多いことになります。

つまり，8点の問題が5問，5点の問題が12問だとわかります。

したがって，問題の数は全部で

5+12=17（問）です。

答

17問

04 ジョギング

解説

2人が走っている様子を想像してみましょう。

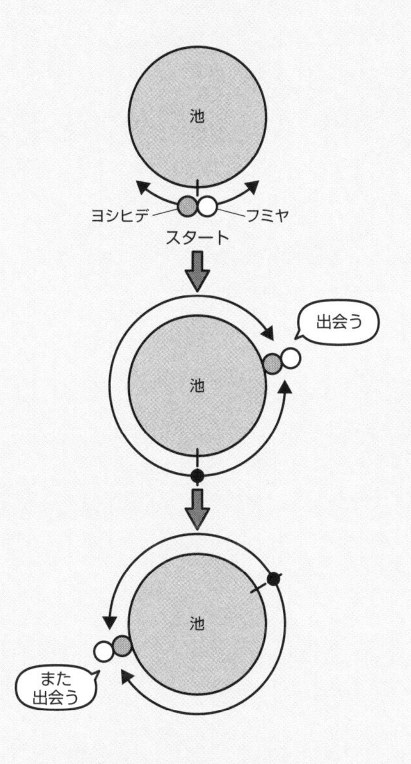

2人の走った距離が，2人で1周分になると，2人は出会いますね。

ヨシヒデは12周，フミヤは10周したので，2人合わせて，12＋10＝22(周)しています。

つまり，ヨシヒデとフミヤはスタートした後に22回出会っているとわかります。

ここで，「ヨシヒデとフミヤは何回すれ違いましたか」と，問われていることに注意しましょう。

走っている途中でヨシヒデとフミヤが出会ったときはすぐに別れているので，すれ違っていますが，最後に出会ったときは，そのまま一緒にいるのですれ違ってはいません。

したがって，スタートした後に出会った22回のうち，最後の1回を除いた21回すれ違っているとわかります。

答

21回

05 北には進まない

解説

東西方向の道は，どちらの方向にも進むことができますが，同じ道は１回までしか通れないので，引き返すことはありません。つまり，１本の東西方向の道は，東なら東，西なら西にしか進みません。

また，南北方向の道は南向きにしか進むことができません。

ここで，学校から家までの道の東西方向の道に番号をふります。

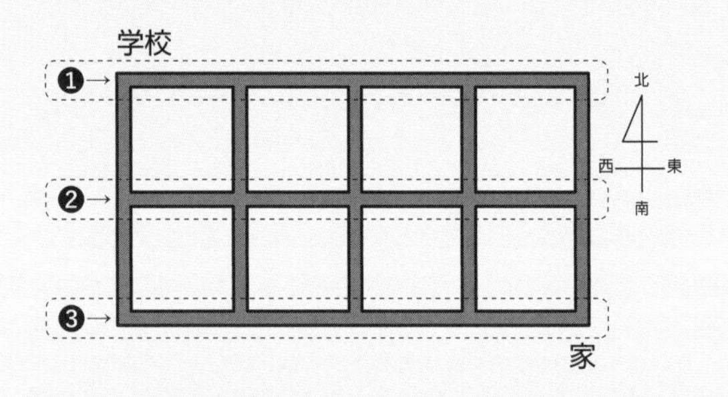

ユウミは，

❶の道を移動（または移動しない）

→❶と❷の間の道のどこか１本を南に移動

→❷の道を移動（または移動しない）

→❷と❸の間の道のどこか１本を南に移動

→❸の道を移動（または移動しない）

ここで，どの道を南に進むのかが重要になります。なぜなら，南に進む道を決めると，東西方向の移動も自然と決まるからです。

例えば，南に進む道を次のようにすると，

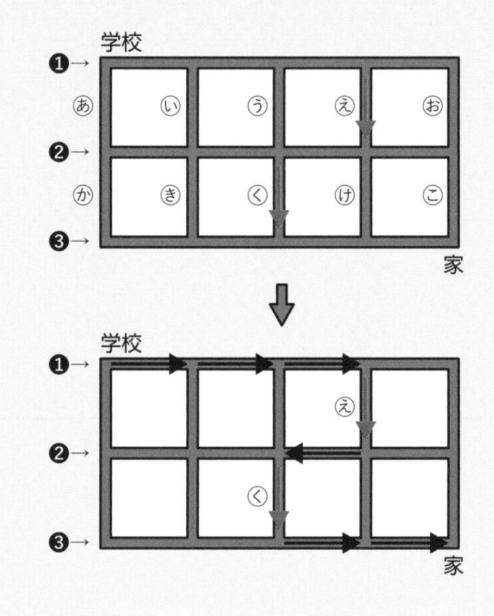

通る道が１つに決まります。

つまり，

❶と❷の間のあ〜おの５本のうちどの道を通るのか

❷と❸の間のか〜この５本のうちどの道を通るのか

を決めれば，ユウミが歩くルートが決まります。

この決め方は，それぞれの道が５通りあり，
全部で25通りあります。

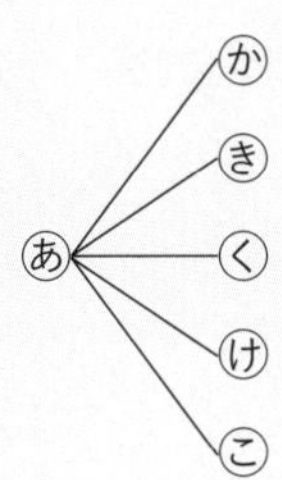

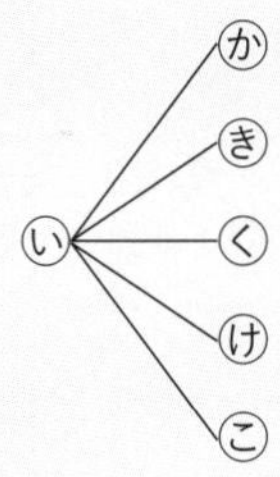

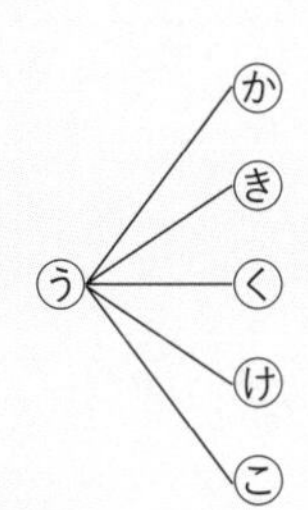

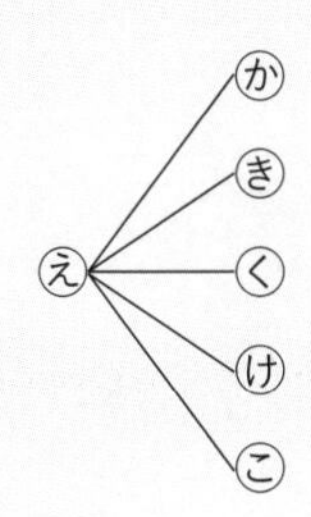

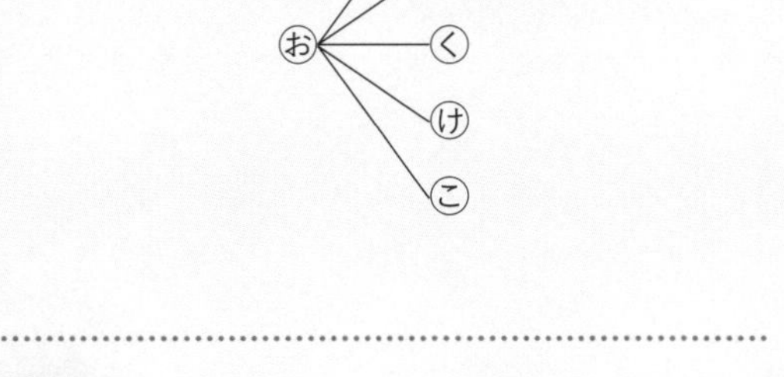

答

25通り

06 「3」と「5」は使えない

解説

1から100までの数を，下のような表で表します。

十の位 / 一の位	0	1	2	3	4	5	6	7	8	9
0										
1										
2										
3					■					
4										
5										
6										
7										
8										
9										

マスの数は，横が10マスでたてが10マスなので，

10×10＝100マスあります。

例えば■のマスは，十の位が4，一の位が3なので，「43」のマスです。

なお，十の位が0，一の位が0のマスは「100」のマスと考えます。

こうすることで，1から100までの数を，上の表のマスと対応させることができます。

この表から，「3」と「5」が使われていない数(つまり，「3」と「5」が使われている数以外の数)を探しましょう。

この表をよく見てみると，まず「一の位で3が使われている数」が横一列に並んでいることがわかります。下の■は，3，13，23，…，93という10個の数を表しています。

十の位 / 一の位	0	1	2	3	4	5	6	7	8	9
0										
1										
2										
3	■	■	■	■	■	■	■	■	■	■
4										
5										
6										
7										
8										
9										

同じように，「一の位で5が使われている数」も横一列に並んでいることがわかります。

十の位 / 一の位	0	1	2	3	4	5	6	7	8	9
0										
1										
2										
3										
4										
5	■	■	■	■	■	■	■	■	■	■
6										
7										
8										
9										

一方で，「十の位で３が使われている数」はたてに並んでいます。下の■が表している数は，30，31，32，…，39という10個の数です。

十の位／一の位	0	1	2	3	4	5	6	7	8	9
0										
1										
2										
3										
4										
5										
6										
7										
8										
9										

同じように，「十の位で５が使われている数」もたてに並んでいます。

十の位／一の位	0	1	2	3	4	5	6	7	8	9
0										
1										
2										
3										
4										
5										
6										
7										
8										
9										

この問題では，「３」と「５」が使われていない数がいくつあるかを求(もと)めればいいので，

下の表で，■でぬられていない，□のマスの数を求めればいいことになります。

十の位／一の位	0	1	2	3	4	5	6	7	8	9
0										
1										
2										
3										
4										
5										
6										
7										
8										
9										

１つずつ数えると64個ありますが，もっと簡単な数え方を次に説明します。

□を長方形の集まり，■を長方形の間のすき間と考えて，マスを１か所に集めましょう。

まずは，すべての□のマスを，上によせます。（一の位が３と５の■を下によせると考えてもよいです。）

十の位／一の位	0	1	2	3	4	5	6	7	8	9
0										
1										
2										
3										
4										
5										
6										
7										
8										
9										

次に，□のマスを左によせます。

（十の位が３と５の■を右によせると考えてもよいです。）

一の位＼十の位	0	1	2	3	4	5	6	7	8	9
0										
1										
2										
4										
6										
7										
8										
9										
3										
5										

一の位＼十の位	0	1	2	4	6	7	8	9	3	5
0										
1										
2										
4										
6										
7										
8										
9										
3										
5										

すると，横とたてがそれぞれ８マスずつなので，

8×8＝64（マス）分の□があることがわかります。

よって，１から100までの数のうち，「３」と「５」が使われていない数の個数は64個となります。

答

64個

07 あみだくじ

解説

下の図のように，交差させた複数の線は，あみだくじの形に直すことができます。

(例)　A　B　C

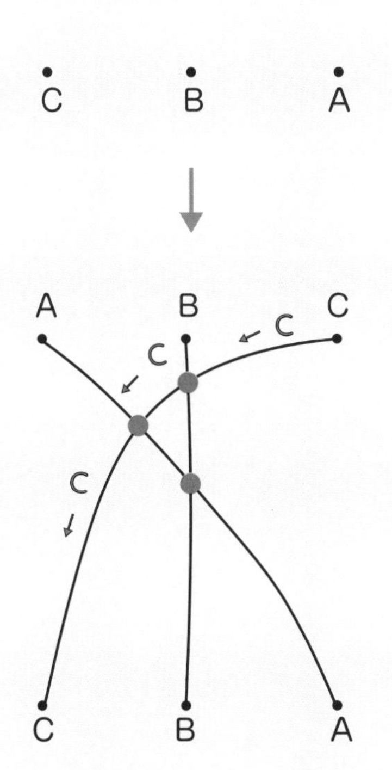

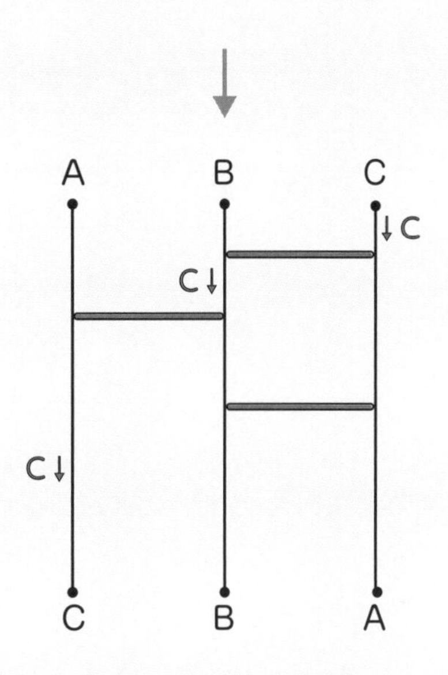

同じようにして，問題のあみだくじの上のはしと下のはしの同じ名前を，線でつないでみましょう。このとき，なるべく遠回りしないように注意しましょう。

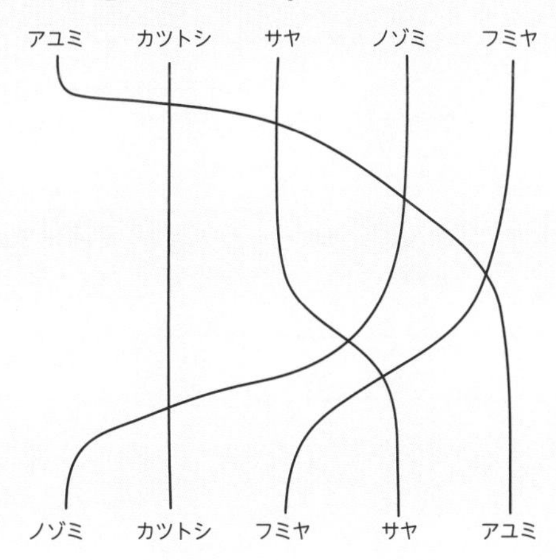

この図を，最初の例と同じように，あみだくじの形に直していきます。

具体的には，線が交差している部分(交差点)

を，1つ1つ横棒に直していくことになります。

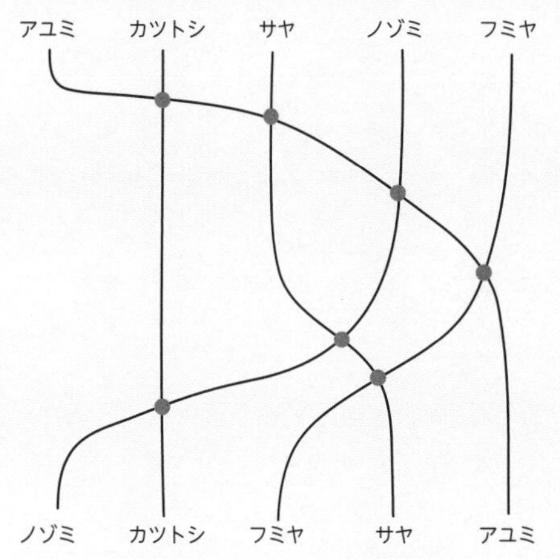

上のように交差点は全部で7か所あります。交差点の数だけ，あみだくじの横棒ができるので，問題の答えは7本です。ただ，そう言われただけでは納得できないかもしれませんので，この7か所の交差点(●)を，実際に横棒に直して，あみだくじを作ってみましょう。ただし，このとき交差点を横棒に直す順番に気をつけなくてはなりません。

例えば，適当に下図の交差点(●)を横棒に直すと，横棒があみだくじ全体のどの位置に対応するのかが，わかりづらくなってしまいます。その結果，横棒の位置関係を間違えてしまう危険性が高まってしまいます。

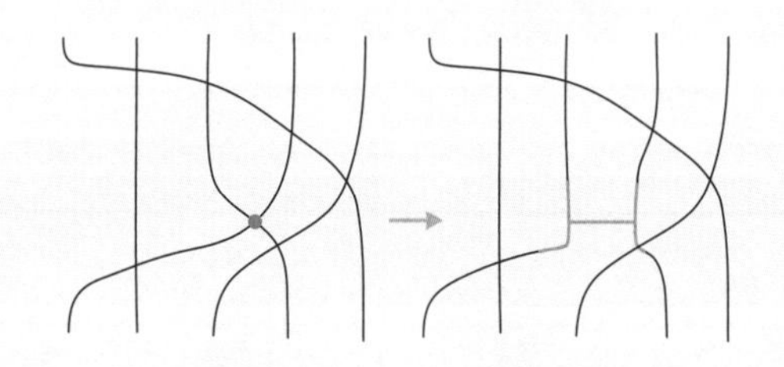

わかりやすくあみだくじに直していくためには，ほかの交差点に隣り合わないように，上のはしか，下のはしに直接つながっている交差点を，順番に横棒に直していけばよさそうです。

ここでは，下の図のように，上から順番に，交差点をあみだくじに直していきましょう。

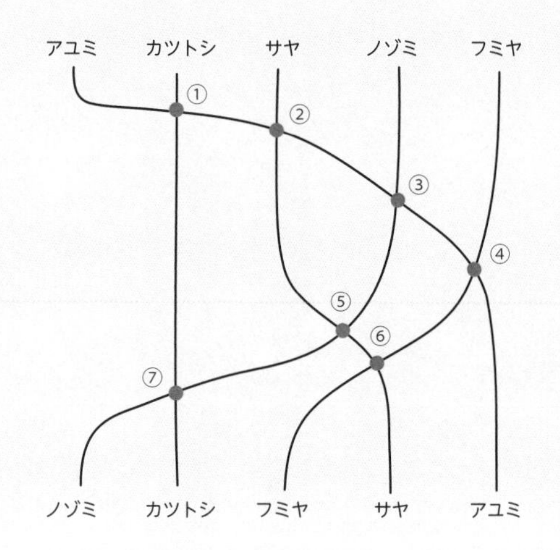

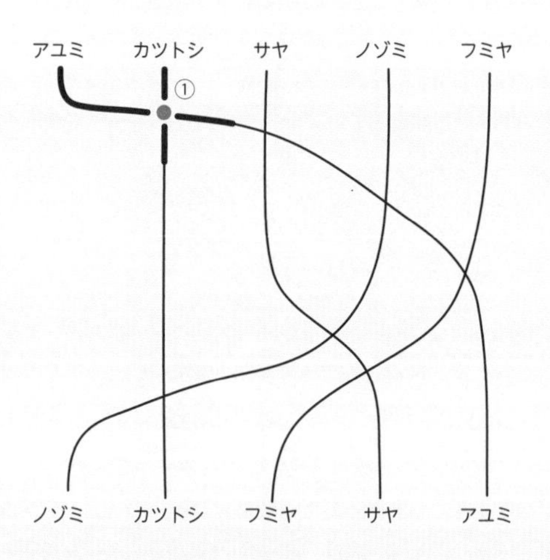

まず，上の図の●の部分をあみだくじの形に

直します。

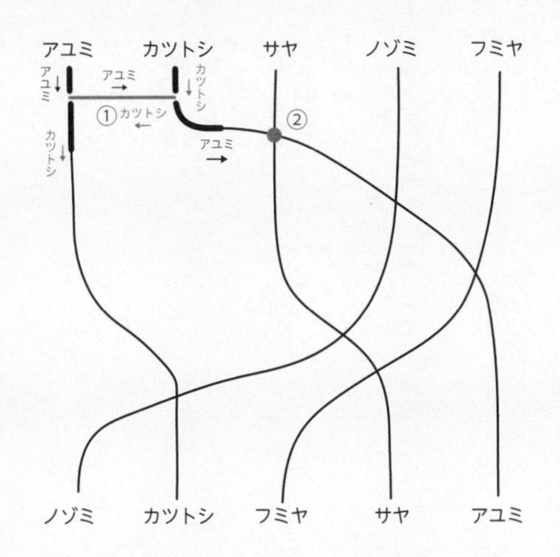

すると，上のように一部分だけあみだくじの形に直すことができました。

直す前と直した後で，行き先がきちんと同じになっていることが確認できます。

同じようにして，②以降も順番にあみだくじの形に直していきましょう。

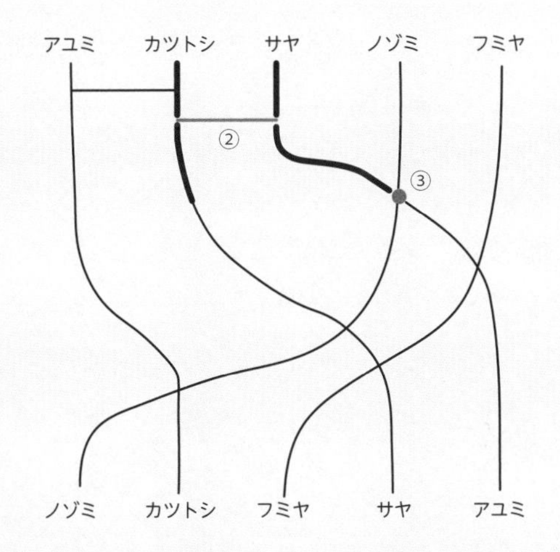

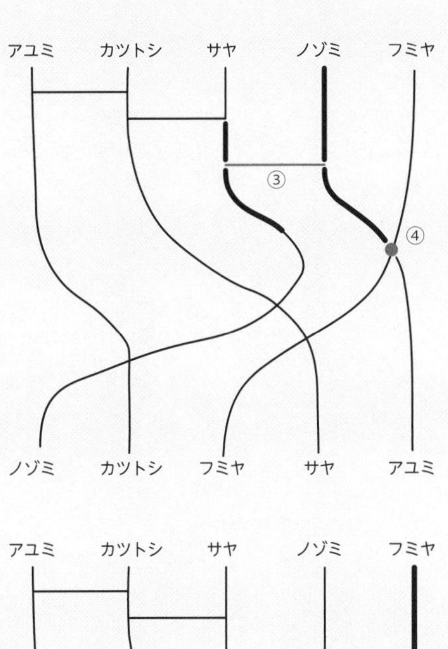

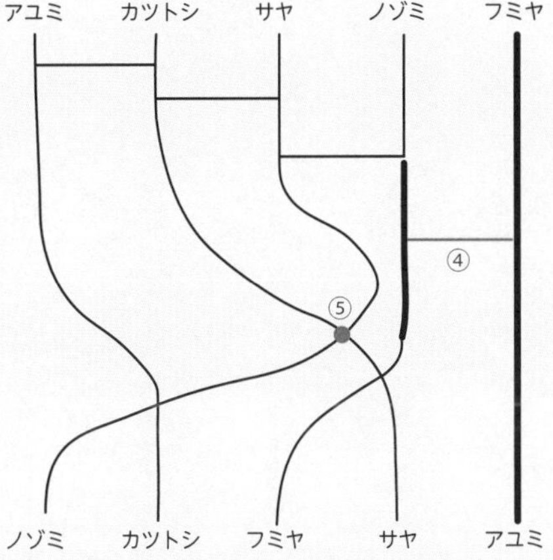

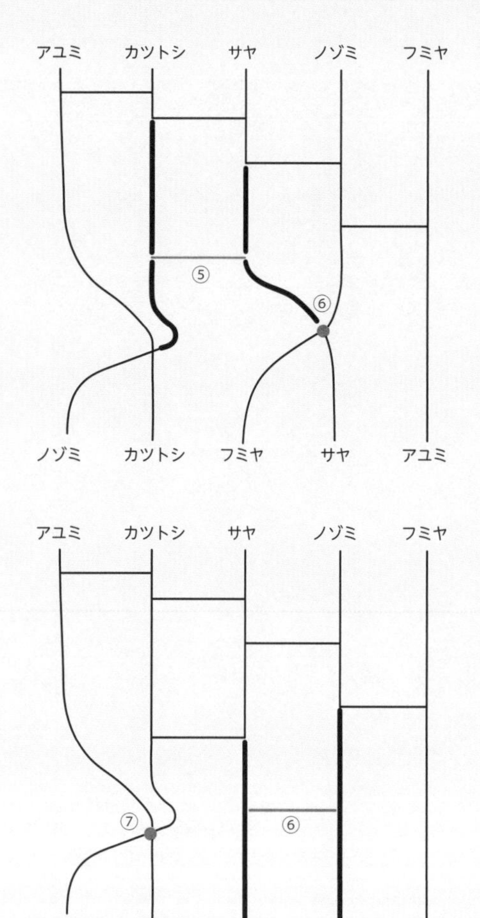

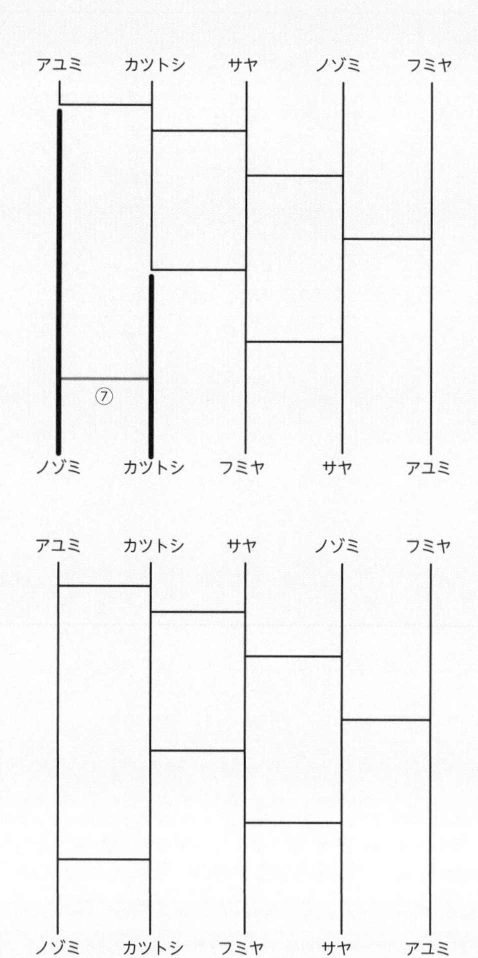

あみだくじの形に直すことができました。
最後に，あみだくじの行き先が正しいことを
確認しましょう。

答

7本

01 5枚のババ抜き

解説

最初，トウコの手元にあるカードの合計は，
2＋6＋9＋11＋12＝40でした。
これが，ナツミから1枚ひき，そろわなかったので，ユキエに1枚ひいてもらったら，手元のカードの合計が43になりました。
つまり，3増えたということですね。
したがって，ナツミからひいた数字は，ユキエにひいてもらった数字より3大きいとわかります。

ここで，ババ抜きをやっているつもりになって考えてみましょう。
ナツミから1枚ひいたときにそろわなかったということは，ひいたカードは2，6，9，11，12以外ということがわかります。
そして，ユキエにひいてもらったカードは2，6，9，11，12かナツミからひいたカードです。
もし，ナツミからひいたカードを，すぐにユキエがひいていたら，トウコのカードの合計は変わらないはずです。
したがって，ユキエは2，6，9，11，12のどれかをひいたとわかります。
それぞれのカードだった場合，ナツミからひいたカードは，それよりも3大きい5，9，12，14，15のはずです。
このうち，トランプの数字にない14，15と，最初に持っていた9と12は違うとわかります。
したがって，ナツミからひいた数は5，ユキエにひいてもらった数は2とわかりました。

答

5

02 ぼうしの色は？

解説（かいせつ）

全部で10人の子どもたちがいて，ツバサからは９人の子どもたちのぼうしが見えています。そのうち，５人が赤いぼうしをかぶっています。
その様子を図にすると，例（たと）えば次のようになります。

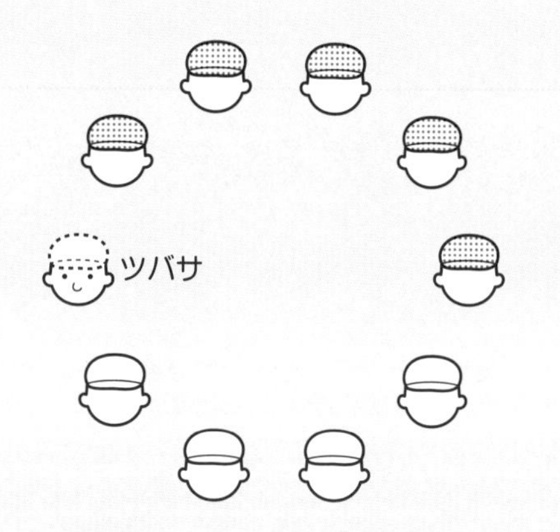

次に，ソラから赤いぼうしをかぶっている人が４人見えていることを考えましょう。
ツバサから見えている赤いぼうしの５人のうち，ソラからは４人しか見えないということは，ツバサから見えている赤いぼうしのうち１人はソラということがわかります。
また，ツバサが赤いぼうしをかぶっているとすると，ソラからは赤いぼうしをかぶっている人が５人見えるはずです。しかし実際（じっさい）は４人見えているので，ツバサは白いぼうしだとわかります。

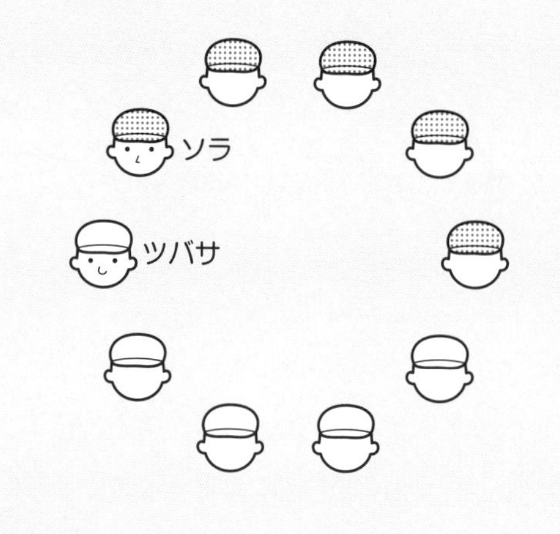

答

ツバサ：（　白　）　ソラ：（　赤　）

03 テストの点数

解説

4人の点数の違いをまとめると次のようになります。

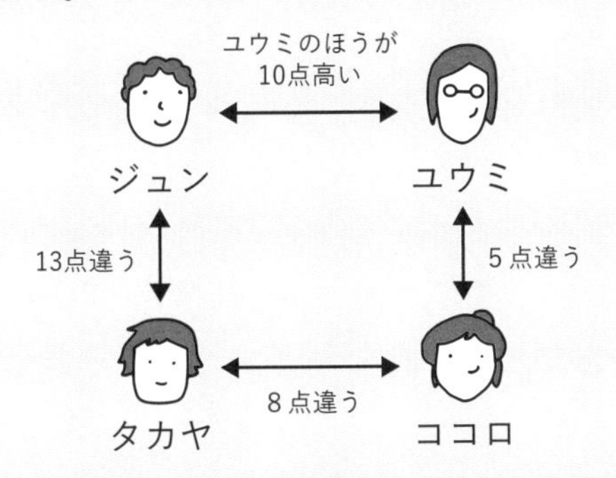

この図で，点数の違いがわかっている関係が，輪っかになっていることに注目しましょう。ジュンとユウミの点数は，ユウミのほうが高いことがわかりますが，他の3つの点数の違いはどちらが高いのかはわかりません。

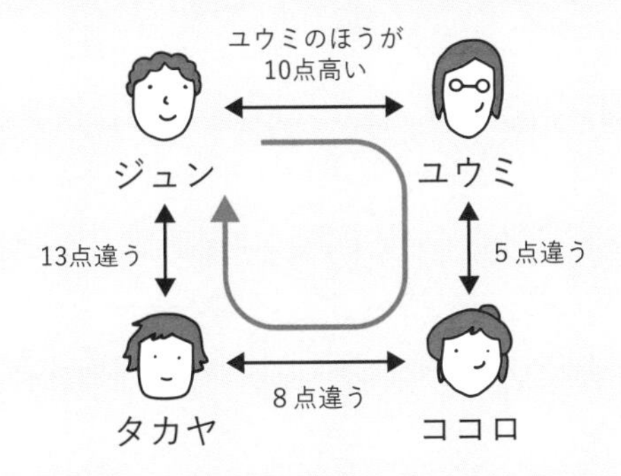

例えば，ジュンの点数を50点とします。ジュンからスタートして，図の時計回りに大きくなる場合はたし，小さくなる場合はひくとして，計算式を作ると，1周してジュンに戻ってきたときに，元の点数になるはずです。

50（ジュンの点数(仮)） +10□5□8□13＝ 50（ジュンの点数(仮)）

□に＋か－を入れて，上の式が正しくなるようにしましょう。

50（ジュンの点数(仮)） +10－5＋8－13＝ 50（ジュンの点数(仮)）

となりますね。

したがって，

ユウミはジュンより10点高い。
ココロはユウミより5点低い。
タカヤはココロより8点高い。
ジュンはタカヤより13点低い。

となります。

この様子を図にすると，次のようになります。

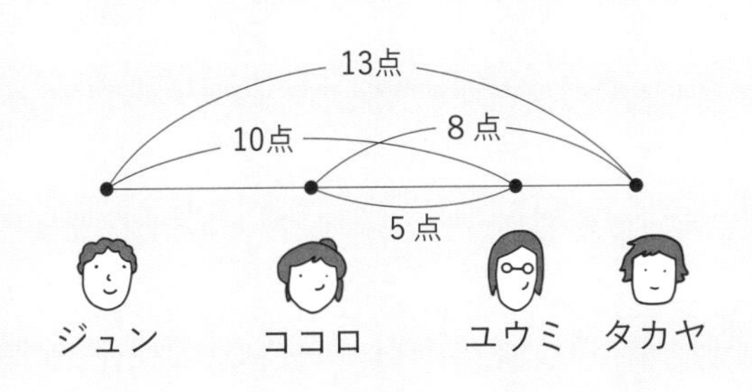

したがって，点数の高い順にタカヤ→ユウミ→ココロ→ジュンとなります。

答

タカヤ→ユウミ→ココロ→ジュン

04 宝石を見つけよう

解説

ここに必ず宝石があるとわかるところに○をつけるのはもちろんですが，ここには絶対に宝石はないとわかるところには×をつけながら考えていきましょう。

まずは，３と１がとなり合っている部分に注目しましょう。

◇を２つずつわけて考えていきましょう。

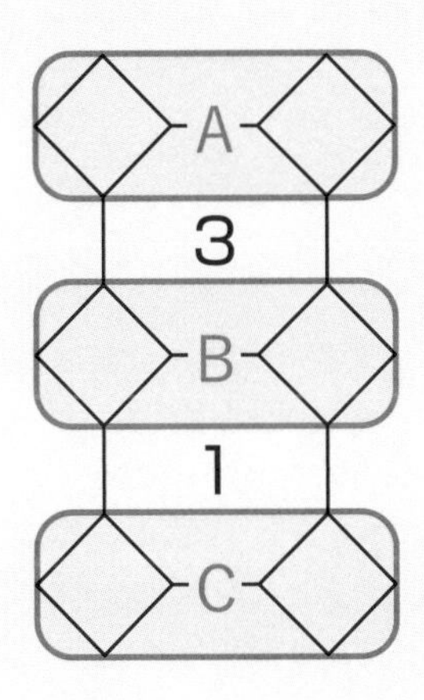

図のＡとＢには合わせて３個，ＢとＣには合わせて１個宝石があるということですね。つまり，Ａには２個，Ｂには１個，Ｃには０個宝石があるとわかります。ここまでで，○と×をつけると次のようになります。

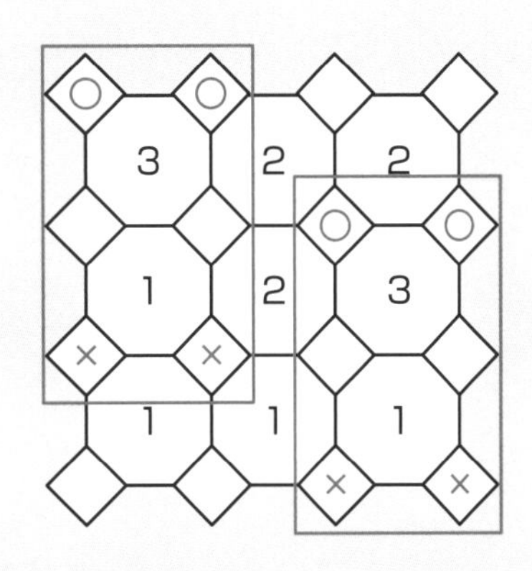

次に，上の列に注目しましょう。

２の周りの宝石は，すでに２か所わかっているので，他の場所は×，さらに３の周りの宝石の場所も決定します。

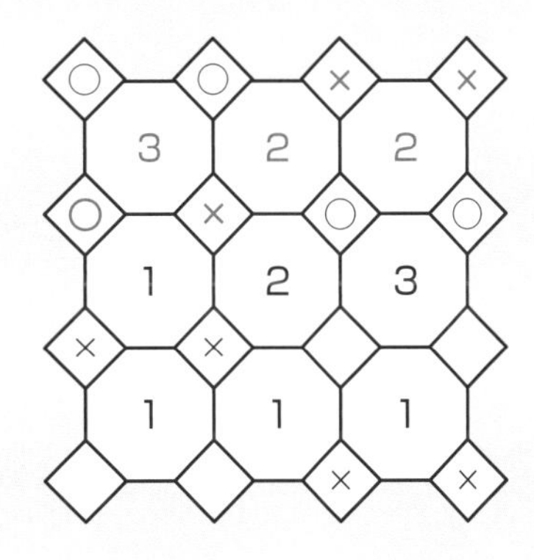

さらに，真ん中の列，下の列と順番に宝石の場所が決定します。

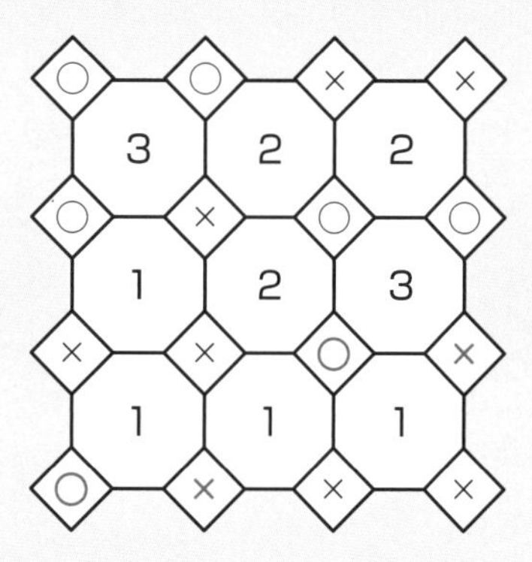

答

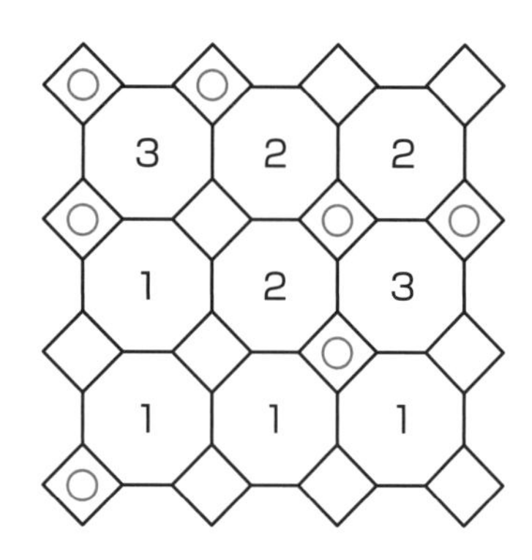

05 絶対ビンゴ

解説

「あと何個開けることができれば，必ずビンゴになる」とは，最も運が悪くても，その数だけ開ければビンゴになるということです。

とても運が悪くて全然ビンゴにならない場合を考えてみましょう。

それは，たて・横・斜めすべての列が４つ穴が開いていて，１個開いていない状態です。

例えば，次のようになるのが最も運が悪い場合です。

上の状態では20個開いていますが，ビンゴになっていません。

ここから１個でも開けることができれば必ずビンゴになります。

したがって，全部で21個穴が開けば，どんなに運が悪くてもビンゴになります。

最初，カードには11個穴が開いていたので，あと21－11＝10(個)開けば必ずビンゴになるということです。

答

10個

06 サイコロコロコロ

解説

サイコロを１マスずつ転がしていくと，１の目が横(側面)になって，真下になって，また横(側面)になって，上にきます。

まずは，前半の真下になるまでのルートと，真下になる可能性のあるマスを考えましょう。
スタートから，１の目の向きが真下になるまでのルートと目の向きはまず次のような動きが考えられます。
サイコロが転がるのをイメージしてくださいね。

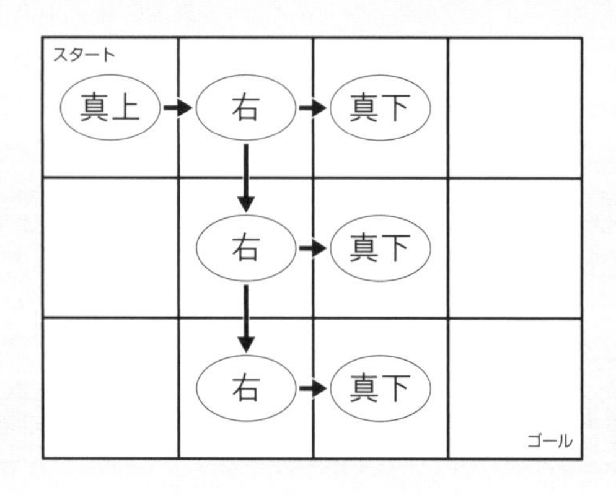

もう１つは，下のようなサイコロの動かし方もあります。

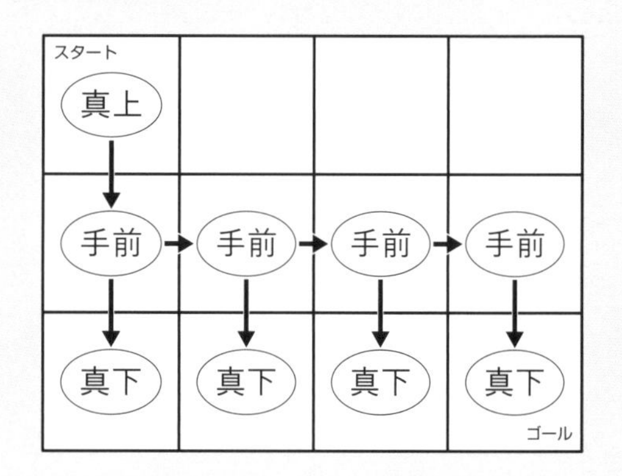

したがって，サイコロが真下になる可能性のあるマスは次の通りです。

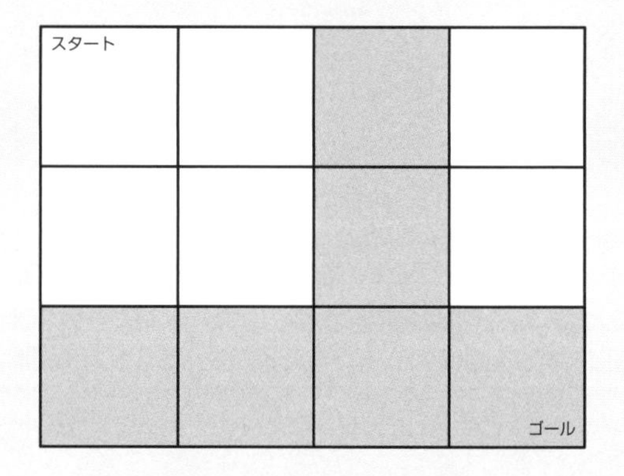

次に，後半のゴールで１の目が上を向くためには，１が真下を向いている必要があるのはどのマスなのか，考えましょう。
これはリバース回路の問題なので，ゴールの状態から逆算して考えてみましょう。

ゴールで１の目が真上を向いている状態から，左か上へ転がして，１の目が真下になる可能性のあるマスを考えると，先ほど考えた図の逆(180度回転)であるとわかります。

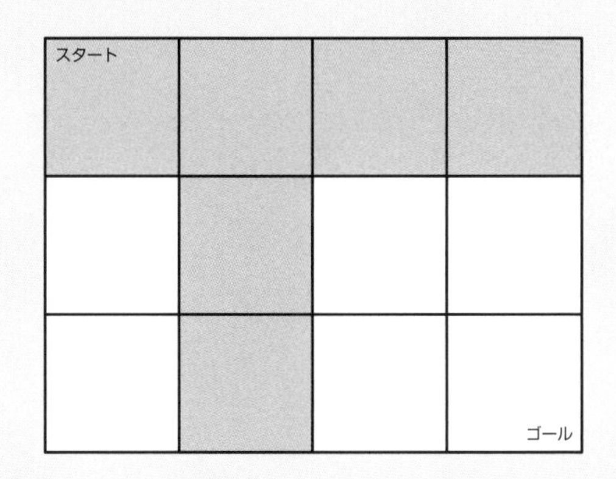

つまり，スタートからサイコロを転がして，上のいずれかのマスで１が下を向けばよいということがわかります。なので，前半と後半に共通(きょうつう)しているマスを探(さが)しましょう。

前半と後半に共通しているマスは次の２つですね。

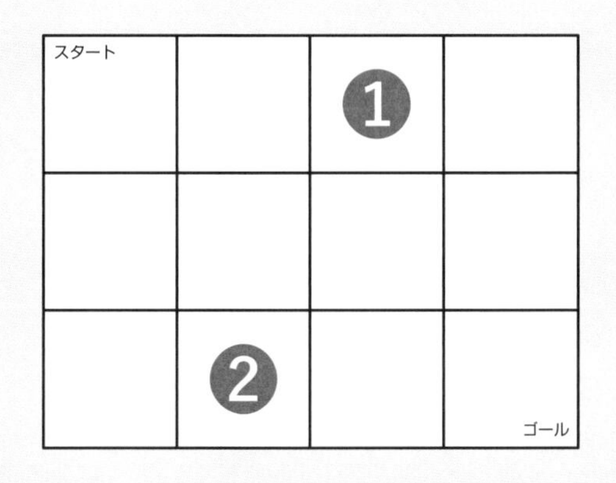

それぞれを通るルートは次のようになります。

❶を通るルート

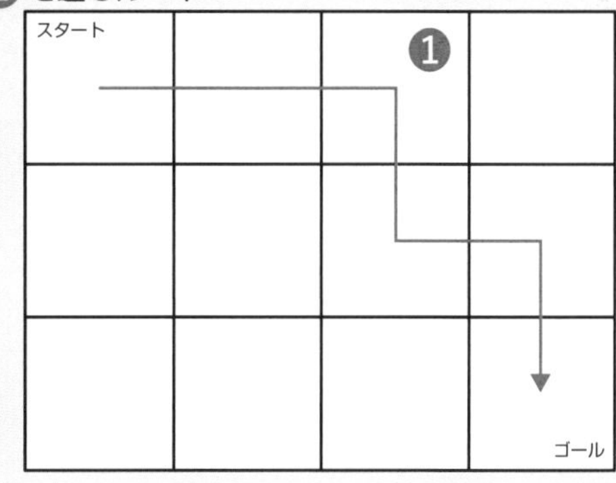

❷を通るルート

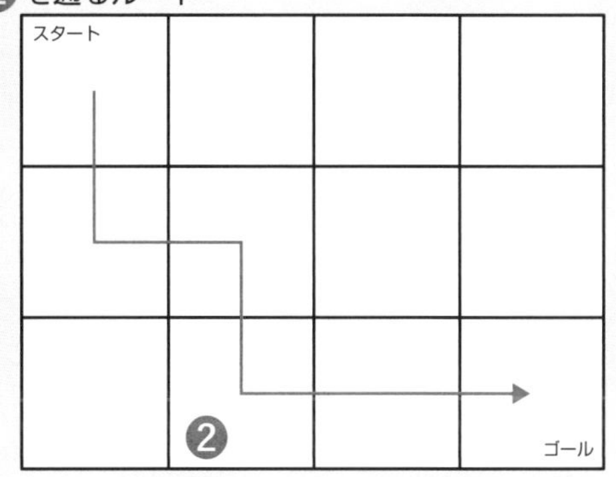

これを立体的(りったいてき)に表すと，❶が次ページの【図１】，❷が次ページの【図２】のようになります。

答

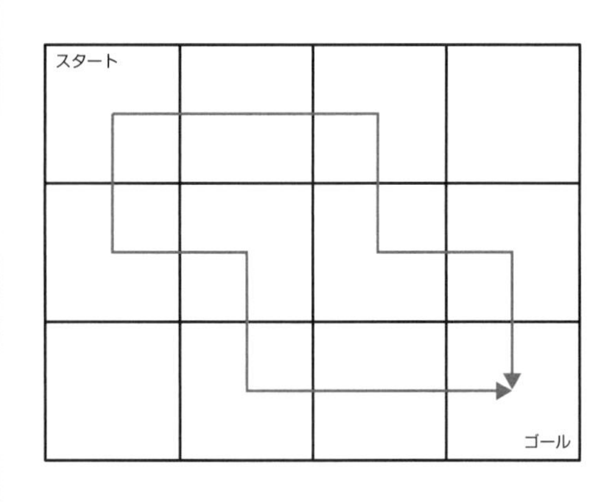

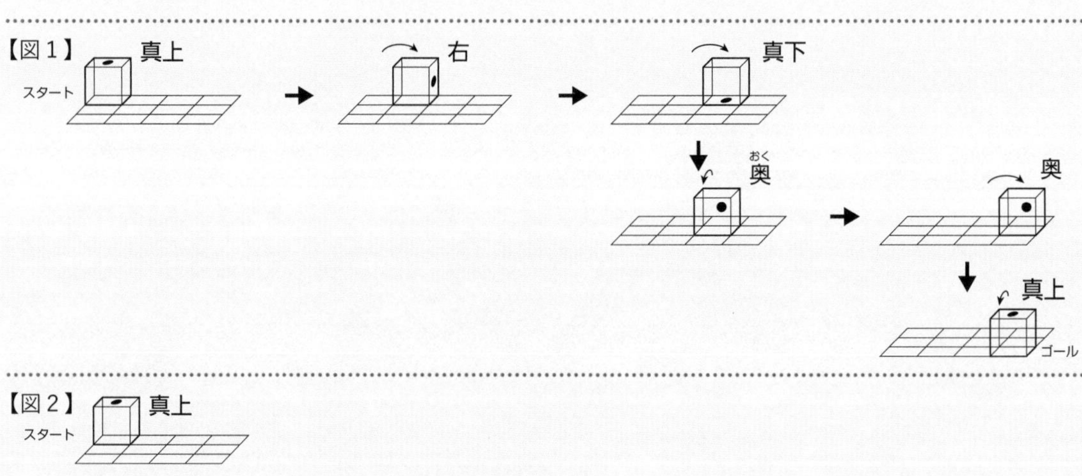

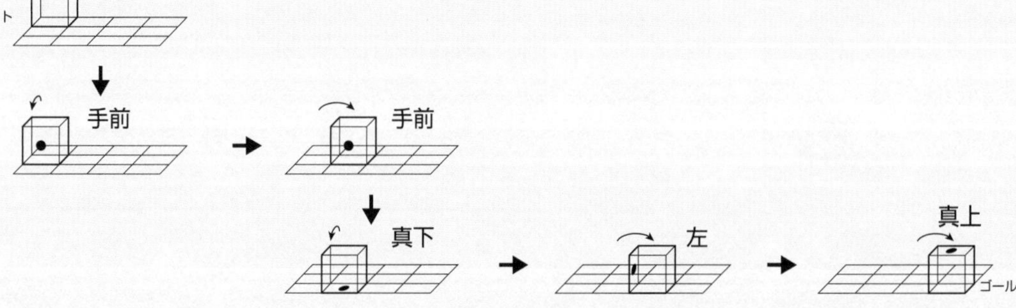

07 ホームパーティー

解説

それぞれのお菓子を，みんなに同じ数ずつ分けるときの配り方を，１人に何個ずつ配ると考えるのではなく，トランプのカードを配るみたいに「１人に１個ずつ配る」を何回かくり返すと考えていきましょう。

例えば，46個のクッキーを１人に１個ずつ配るのをくり返し，あと１個ずつ配ることができない時点で配るのをやめます。

次に60個のチョコレートを，同じように１人に１個ずつ配るのをくり返していきます。
このとき，途中まではクッキーを配ったときとまったく同じですが，さらに何周か配った後に，あと１個ずつ配ることができない時点で配るのをやめた，とわかります。

クッキーのあまりの数と，チョコレートのあまりの数は同じですから，クッキーとチョコレートの数の差は，「さらに何周か，全員に配れた分」ということです。
このことから，「クッキーとチョコレートの数の差は，配る人数でぴったりわり切ることができる」ということがわかります。

これは，チョコレートとキャンディの数の差にもいえることです。

チョコレートとクッキーの数の差は
　60－46＝14
キャンディとチョコレートの数の差は
　81－60＝21
なので，お菓子を配る人数は，14も21もぴったりわることができる数，つまり１か７とわかります。
１人だとすると，お菓子はあまることはないので，７人に配ったとわかります。
答えるのは「何個ずつあまったか」なので，
　46÷7＝6あまり4
　60÷7＝8あまり4
　81÷7＝11あまり4
つまり４個ずつあまったとわかります。

答

４個ずつ

第4章　ノック回路

01 まるのケーキ

解説

回転させて同じになる並べ方は同じ並べ方として数えるので，回転させても変わらないものを基準に考えていくとよさそうです。
例えば，チョコケーキの数は回転させても変わらないですね。チョコケーキの数を基準に，順番に調べていきましょう。

チョコケーキが
〈1個のとき〉

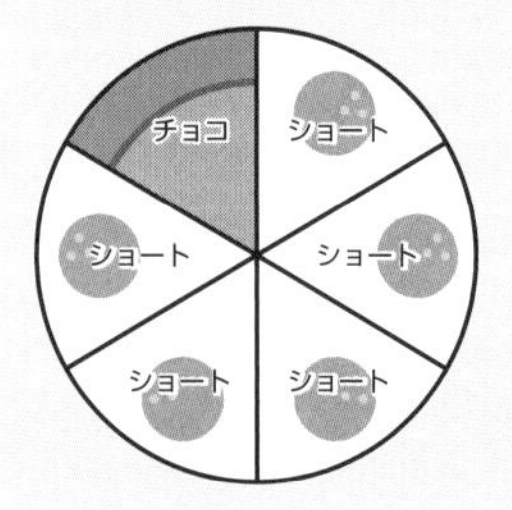

の1通り。

〈2個のとき〉

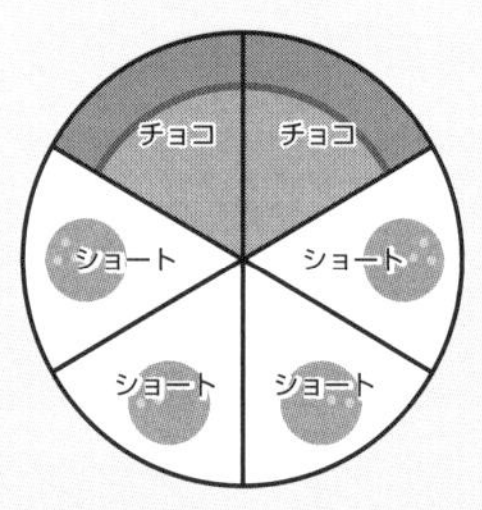

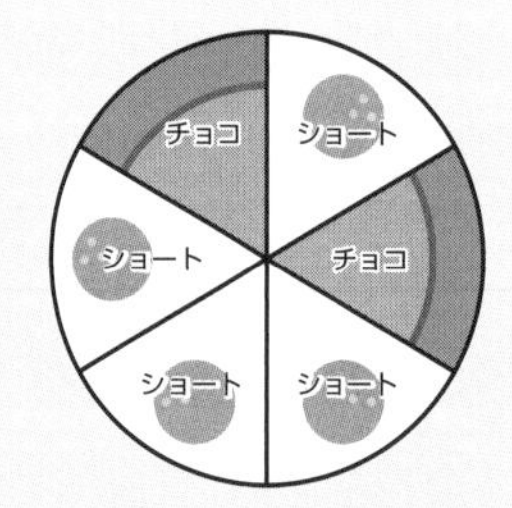

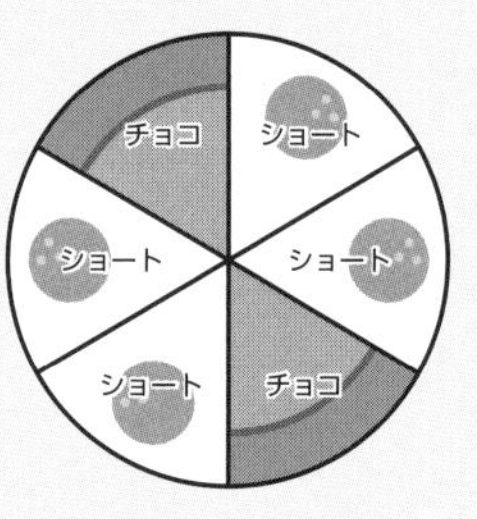

の3通り。

〈3個のとき〉

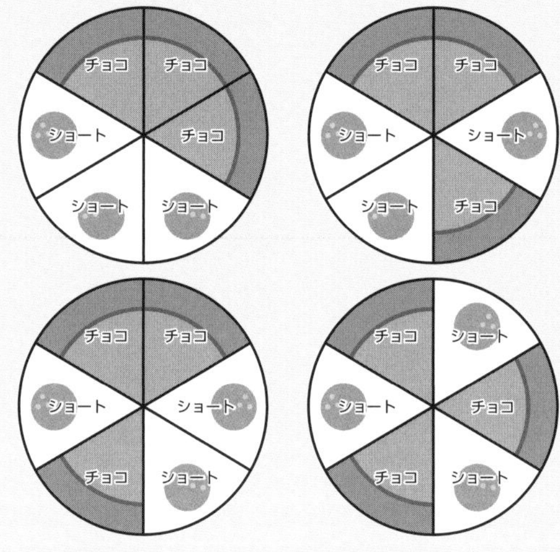

の4通り。

〈4個のとき〉

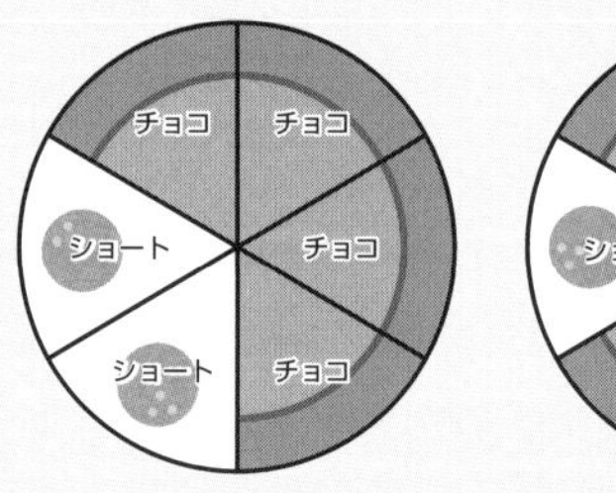

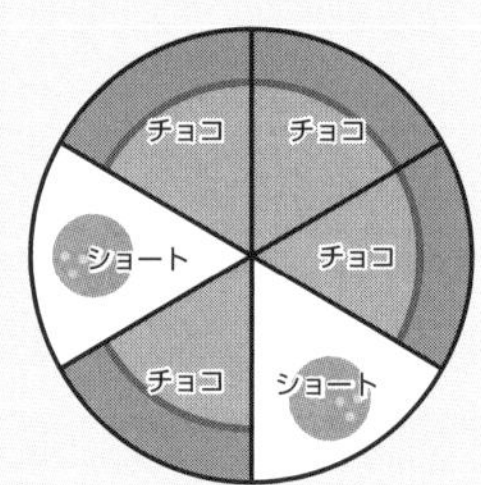

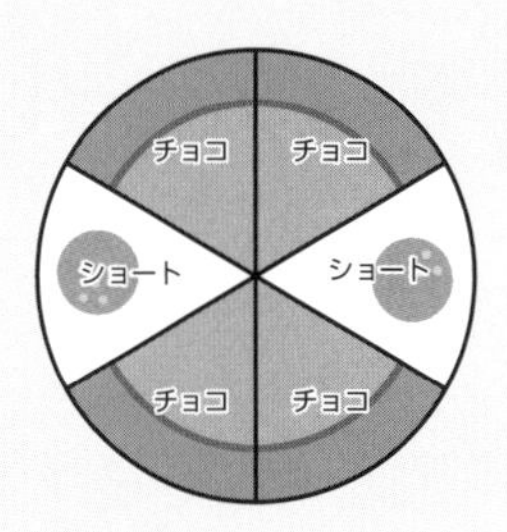

の３通り。

〈５個のとき〉

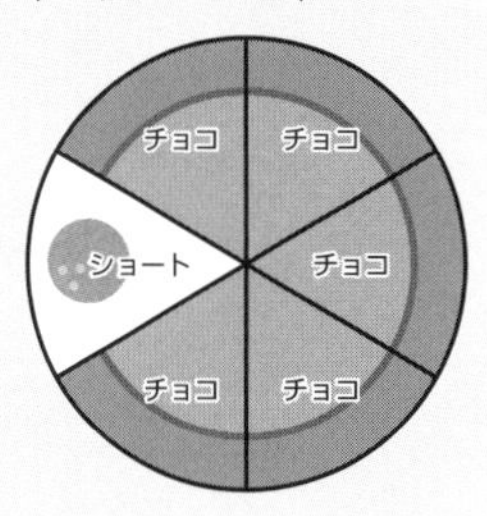

の１通り。

したがって，ケーキの並べ方は，

1＋3＋4＋3＋1＝12(通り)

あるとわかりました。

答

12通り

02 席替え

解説

４人のセリフのうち，なるべく考えられる可能性が少ないセリフに注目して，考えていきましょう。

まず，タカヤの「２つ窓側に移動したよ」から，考えられる可能性は次の２通りです。

【図１－１】

	A	B	C	D
席替え前	タカヤ			
席替え後			タカヤ	

【図１－２】

	A	B	C	D
席替え前		タカヤ		
席替え後				タカヤ

さらに，リョウタの「ろうか側に１つ移動したよ」から考えられる可能性は次の４通りです。

【図2-1】

	A	B	C	D
席替え前	タカヤ	リョウタ		
席替え後	リョウタ		タカヤ	

【図2-2】

	A	B	C	D
席替え前	タカヤ		リョウタ	
席替え後		リョウタ	タカヤ	

【図2-3】

	A	B	C	D
席替え前		タカヤ	リョウタ	
席替え後		リョウタ		タカヤ

【図2-4】

	A	B	C	D
席替え前		タカヤ		リョウタ
席替え後			リョウタ	タカヤ

この中で，ヨシユキの「ぼくの席は，さっきまでリョウタが座(すわ)っていた席だよ」があり得(え)るのは，【図2-1】と【図2-3】だけです。

さらに，席替え後のフミヤの席もわかりますね。

【図3-1】

	A	B	C	D
席替え前	タカヤ	リョウタ		
席替え後	リョウタ	ヨシユキ	タカヤ	フミヤ

【図3-2】

	A	B	C	D
席替え前		タカヤ	リョウタ	
席替え後	フミヤ	リョウタ	ヨシユキ	タカヤ

また，問題文に「席が変わらなかった人はいません」とあるので，席替え前のフミヤの席，さらにヨシユキの席がわかります。

【図4－1】

	A	B	C	D
席替え前	タカヤ	リョウタ	フミヤ	ヨシユキ
席替え後	リョウタ	ヨシユキ	タカヤ	フミヤ

【図4－2】

	A	B	C	D
席替え前	ヨシユキ	タカヤ	リョウタ	フミヤ
席替え後	フミヤ	リョウタ	ヨシユキ	タカヤ

この中で，フミヤの「席替え前は，はしの席だったよ」に当てはまるのは【図4－2】だけなので，これが正しいとわかります。
問いは席替えの後の席を聞いているので，間違えずに答えましょう。

答

A（ フミヤ ） B（ リョウタ ）
C（ ヨシユキ ） D（ タカヤ ）

03 重いチョコを見つけよう

解説

例えば，チョコレートを３個はかりにのせたとします。すると，30g か31g を示すはずです。このとき，30g だったらのせた３個のチョコレートはすべて10g であることがわかり，31g だったらのせた３個のチョコレートの中に11g のチョコレートが混ざっていることがわかります。

つまり，はかりを使えば，「11g のチョコレートが，はかりにのせた中にあるか，はかりにのせていないほうにあるのか」がわかります。

例えば，チョコレートを１個ずつはかりにのせたとします。

運がいいと１回目で11g のチョコレートを見つけられますが，問題で問われているのはそういうことではありません。

運に頼らずに，効率よく11g のチョコレートを見つけるにはどのようにしたらいいでしょうか。

「はかりにのせたチョコレートの数」と「はかりにのせていないチョコレートの数」を同じ数にすれば，11g のチョコレートの候補を半分にしぼることができます。

全部でチョコレートは16個なので，〈１回目〉は，半分の８個をはかりにのせてみましょう。

80g であればのせていないほうに，
81g であればのせている中に，
11g のチョコレートがあります。

〈２回目〉は，１回目で11g のチョコレートがあるとわかった８個の中から半分の４個をのせましょう。

40g であればのせていないほうに，
41g であればのせている中に，
11g のチョコレートがあります。

〈３回目〉は，２回目で11g のチョコレートがあるとわかった４個の中から半分の２個をのせましょう。

20g であればのせていないほうに，
21g であればのせている中に，
11g のチョコレートがあります。

〈４回目〉は，３回目で11g のチョコレートがあるとわかった２個の中から半分の１個をのせましょう。

10g であればのせていないチョコレートが，
11g であればのせているチョコレートが，
11g のチョコレートだとわかります。

この方法であれば運に頼らずに，４回はかりを使えば，必ず11g のチョコレートを探し出すことができます。

答

４回

04 □△×○＝☆◇

解説

かける数である○に入る数字を基準に考えていきましょう。

○が１だとすると，かけられる数とかけ算の答えは同じになるはずです。
□△×１＝☆◇
しかし，１～５の数字を１つずつ使わないといけないので，○は１ではないとわかります。

○に２を入れるとどうでしょう。
□△×２＝☆◇
かけ算の答えは偶数(０，２，４，６，８，……など，２でわり切れる整数)になるはずなので，一の位の◇は，１～５のうちの，２以外の偶数である４になるはずです。
(□△×２＝☆４)
しかし，そうなるためには，かけられる数の一の位である△は２か７でなくてはならず，１～５の数字を１つずつ使うことはできません。
つまり，かける数である○は２でもないとわかります。

○に３を入れた場合，さらにかけられる数の一の位である△に１，２，４，５を入れた場合にどうなるかを考えていきます。
□△×３＝☆◇
・　□１×３＝☆◇は，◇が３になり，すでに使っているので，違うとわかります。
・　□２×３＝☆◇は，◇が６になり，違うとわかります。
・　□４×３＝☆◇は，◇が２になりますが，残りのマスに１と５を入れて正しい式にすることができないので，違うとわかります。
・　□５×３＝☆◇は，◇が５になり，すでに使っているので，違うとわかります。
したがって，かける数である○は３でもないとわかります。

○に４を入れた場合，かけ算の答えは偶数になるはずなので，一の位である◇は残っている２になるはずです。
(□△×４＝☆２)
すると，かけられる数の一の位の△は３になります。
(□３×４＝☆２)
かけ算の答えである☆◇は，かけられる数の□△より大きいので，かけられる数の十の位である□に１，答えの十の位である☆に５を入れます。
　13×4＝52
正しい式がつくれたので，答えは52とわかります。

念のため，○が5の場合も確認しましょう。

□△×5＝☆◇

○が5の場合，かけ算の答えの一の位である◇は0か5になるはずです。

しかし，1～5の数字を1つずつ使わないといけないので，正しくありません。

よって，○は5ではないと確かめられました。

答

52

05 チョコクッキーとミルククッキー

解説

チョコクッキーもミルククッキーも1枚，2枚，3枚，4枚買った人が1人ずつなので，下のような表に，わかることをまとめていきましょう。

	チョコクッキー				ミルククッキー				
	1	2	3	4	1	2	3	4	合計枚数
ソラ									
ユキ									
ノゾミ									
トオル									

ノゾミの「ミルククッキーを4枚買ったよ」からわかることを表に書きます。

	チョコクッキー				ミルククッキー				
	1	2	3	4	1	2	3	4	合計枚数
ソラ								×	
ユキ								×	
ノゾミ					×	×	×	○	
トオル								×	

次に，トオルの「チョコクッキーよりミルククッキーを多く買ったよ」を考えましょう。
トオルはいちばん多くてミルククッキーを３枚買っているので，チョコクッキーは１枚か２枚，ミルククッキーは２枚か３枚買ったとわかります。
違(ちが)うとわかったところに×をつけましょう。

	チョコクッキー				ミルククッキー				
	1	2	3	4	1	2	3	4	合計枚数
ソラ								×	
ユキ								×	
ノゾミ					×	×	×	○	
トオル			×	×	×			×	

次に，ソラの「ぼくが合計でいちばんたくさん買ったね」に注目しましょう。
いま，ソラの考えられる合計枚数の中でいちばん多いのは７枚なので，ノゾミはそれより少ない６枚以下(いか)になるはずです。
つまり，ノゾミのチョコクッキーは１枚か２枚とわかります。

	チョコクッキー				ミルククッキー				
	1	2	3	4	1	2	3	4	合計枚数
ソラ								×	
ユキ								×	
ノゾミ			×	×	×	×	×	○	5，6
トオル			×	×	×			×	

ここでチョコクッキーに注目しましょう。
表から，ノゾミとトオルは，チョコクッキーを１枚か２枚買ったとわかるので，もし，ノゾミが１枚ならトオルが２枚に，もしノゾミが２枚ならトオルが１枚になります。
このとき，ソラとユキは，チョコクッキーを１枚か２枚買ったということはあり得(え)ません。

	チョコクッキー				ミルククッキー				
	1	2	3	4	1	2	3	4	合計枚数
ソラ	×	×						×	
ユキ	×	×						×	
ノゾミ			×	×	×	×	×	○	5，6
トオル			×	×	×			×	

ここで，ソラの「ぼくが合計でいちばんたくさん買ったね」から，ソラの合計枚数はノゾミより多くなる可能性のある，6枚か7枚とわかります。
また，そのためには，ソラのミルククッキーが1枚ではないこともわかります。
このことから，ミルククッキーが1枚なのはユキだとわかります。
さらに，全員の考えられる合計枚数も書き出してみましょう。

	チョコクッキー				ミルククッキー				
	1	2	3	4	1	2	3	4	合計枚数
ソラ	×	×			×			×	6，7
ユキ	×	×			○	×	×	×	4，5
ノゾミ			×	×	×	×	×	○	5，6
トオル			×	×	×			×	3，4，5

ここでもし，ユキのチョコクッキーが4枚だとすると，合計枚数は5枚になります。
「合計の枚数が同じ人はいないよ」とユキが言っているので，ノゾミの合計枚数は6枚になります。
また，ソラのチョコクッキーは3枚となり，合計枚数は7枚にはならないので，6枚になってしまいます。
ノゾミとソラの2人が，合計枚数6枚になってしまうので条件を満たしません。

	チョコクッキー				ミルククッキー				
	1	2	3	4	1	2	3	4	合計枚数
ソラ	×	×	○	×	×			×	⑥，~~7~~
ユキ	×	×	×	○	○	×	×	×	~~4~~，5
ノゾミ			×	×	×	×	×	○	~~5~~，⑥
トオル			×	×	×			×	3，4，5

6枚が2人になるので違う

したがって，「もしユキのチョコクッキーが4枚だとすると」が間違っていたとわかり，ユキのチョコクッキーは3枚，さらにソラのチョコクッキーは4枚だとわかります。

	チョコクッキー				ミルククッキー				
	1	2	3	4	1	2	3	4	合計枚数
ソラ	×	×	×	○	×			×	6，7
ユキ	×	×	○	×	○	×	×	×	4
ノゾミ			×	×	×	×	×	○	5，6
トオル			×	×	×			×	3，5

さらに，もしノゾミのチョコクッキーが1枚だとすると，トオルのチョコクッキーは2枚となります。
そうすると，トオルの合計枚数は3枚にならないので，5枚となります。すると，ノゾミもトオルも合計枚数が5枚になってしまうので，条件を満たしません。

	チョコクッキー				ミルククッキー				
	1	2	3	4	1	2	3	4	合計枚数
ソラ	×	×	×	○	×			×	6，7
ユキ	×	×	○	×	○	×	×	×	4
ノゾミ	○	×	×	×	×	×	×	○	⑤，~~6~~
トオル	×	○	×	×	×			×	~~3~~，⑤

5枚が2人になるので違う

したがって，「もしノゾミのチョコクッキーが1枚だとすると」が間違っていたとわかり，ノゾミのチョコクッキーが2枚だとわかります。

さらに，トオルのチョコクッキーは1枚，合計枚数が3枚になるためにミルククッキーは2枚，そしてソラのミルククッキーが3枚とわかりました。

	チョコクッキー				ミルククッキー				
	1	2	3	4	1	2	3	4	合計枚数
ソラ	×	×	×	○	×	×	○	×	7
ユキ	×	×	○	×	○	×	×	×	4
ノゾミ	×	○	×	×	×	×	×	○	6
トオル	○	×	×	×	×	○	×	×	3

問われているのはトオルのクッキーの枚数なので，それを答えましょう。

答

チョコクッキー（　1枚　）
ミルククッキー（　2枚　）

06 7のつくり方

解説

2をつくる方法を元に3をつくる方法，3をつくる方法を元に4をつくる方法を整理してみましょう。

例えば，次のように整理することができます。

2をつくる方法　3をつくる方法　4をつくる方法

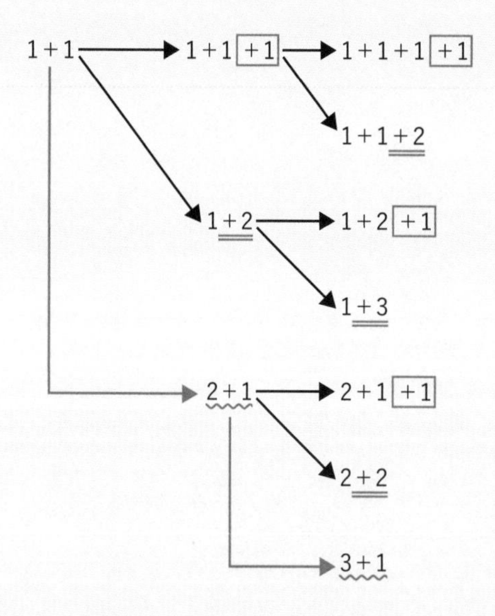

つまり，1つ前の方法のそれぞれに対し，「最後に+1を加えたもの(□)」「最後の数字を1大きい数字にしたもの(＝)」の2通りが考えられます。

さらに，それとは別に新しく，「最初の数字を1大きい数字にしたもの(～)」も増えます。

つまり，前の数をつくる方法を2倍(⟶)して，もう1通り(⟶)を加えればよいということです。

・2をつくる方法……1通り

・3をつくる方法……1×2+1=3(通り)

・4をつくる方法……3×2+1=7(通り)

と考えられます。

同じように5～7をつくる方法も考えていきます。

・5をつくる方法……7×2+1=15(通り)

・6をつくる方法……15×2+1=31(通り)

・7をつくる方法……31×2+1=63(通り)

したがって，63通りとわかりました。

答

63通り

別解

7をつくる基本の形を

　1＋1＋1＋1＋1＋1＋1

とします。このとき＋は6個ありますね。
それぞれの＋を先に計算してしまうのか，
そのまま取っておくのかと考えることが
できます。
例えば，印のついた＋を先に計算すると，

　1＋1 ＋ 1＋1＋1 ＋ 1 ＋ 1

→　1＋2＋1＋3

のように考えることができます。

6つの＋それぞれについて，先に計算し
てしまうのか，そのまま取っておくのか
の2通りがあるので，全体では，

　2×2×2×2×2×2＝64(通り)

ありそうです。
ここで，すべての＋を先に計算してしま
うと，7になってしまい，たし算ではな
くなってしまうので，これは除きます。

　64－1＝63(通り)

07 映画の時間

解説

「時」は00～23まで,「分」は00～59まであります。

候補が少ない「時」のほうから，始まりの時刻と終わりの時刻を考えていきましょう。

上映時間が1時間35分なので，終わった時刻の「時」は，始まった時刻の「時」よりも1または2大きいことがわかります。

すべての数字の位置が入れ替わるということなので，頭の数字は見始めたのが0なら見終わると1に，見始めたのが1なら見終わると2に変わるということです。

終わりの時刻が1けたの場合，頭の0が入れ替わらないので，考えられる「時」は

	始まり		終わり
❶	08	→	10
❷	09	→	10
❸	09	→	11
❹	18	→	20
❺	19	→	20
❻	19	→	21

の6つとわかります。

時刻を

□□:□□

とすると，この4か所の□に数字が入ります。

❶なら0，8，1の3種類の数字がわかっていますが，もう1つはわかりません。

❷なら0，9，1の3種類の数字がわかっていますが，もう1つはわかりません。

❸なら0，9，1，1の4つが入るとわかります。

❹なら1，8，2，0の4つが入るとわかります。

❺なら1，9，2，0の4つが入るとわかります。

❻なら1，9，2の3種類の数字がわかっていますが，もう1つはわかりません。

まずは4つの数字がわかっている❸，❹，❺を考えましょう。

「分」は0～59の数字であることを踏まえて，それぞれ，数字の並びを入れ替えて時刻を表せるかを探していきましょう。

❸ 09 → 11のとき，

09:11 → 11:09

しかし，1時間35分ではないので違います。

❹ 18 → 20のとき，

18:02または18:20 → 20:18

しかし，1時間35分ではないので違います。

❺ 19 → 20のとき，

19:02または19:20 → 20:19

しかし，1時間35分ではないので違います。

❶，❷，❻で，「分」は0～59の数字であることを踏まえて，それぞれ，数字の並びを入れ替えて時刻を表せるかを探していきましょう。

❶ 08 → 10のとき，
08：？？ → 10：？8

❷ 09 → 10のとき，
09：？？ → 10：？9

❻ 19 → 21のとき，
19：？？ → 21：？9

さらに，上映時間が1時間35分なので，一の位の違いが5になることに注目して，数字の並びを入れ替えられるか探してみましょう。

❶ 08：？？ → 10：？8のとき，
08：13 → 10：38

❷ 09：？？ → 10：？9のとき，
09：14 → 10：49

❻ 19：？？ → 21：？9のとき，
19：24 → 21：49

このうち，1時間35分になっているのは❷の，09：14 → 10：49なので，映画を見終わった時刻は10：49とわかります。

答

10時49分

01 紙を切り出そう

解説

②の紙をなるべく多く切り取りたいので，できるだけムダが出ないように切り取っていく必要がありますね。

①の紙の出っぱっている部分を使うように②の紙を切り出していきましょう。

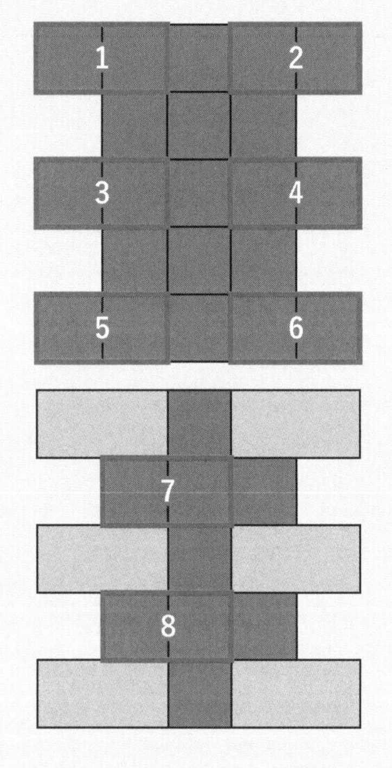

8枚つくれることがわかりました。

9枚以上をどうがんばってもつくることができないことは，次のように考えるとわかります。

まず，①の紙を市松模様に2色にぬり分けます。

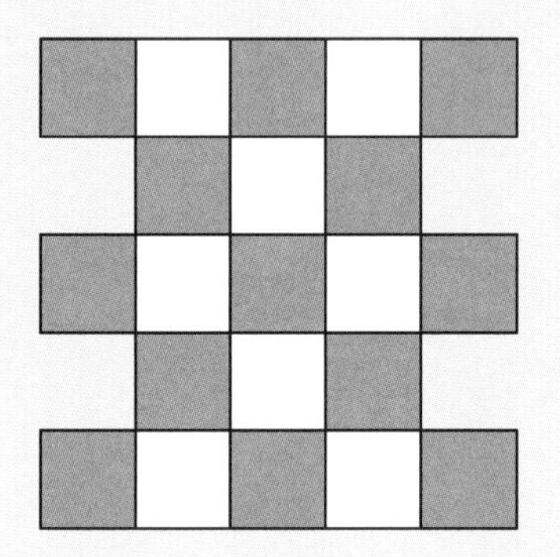

ここから②の紙を切り出すと，色が濃い部分と白い部分を1つずつ使うことになります。色が濃い部分は13個，白い部分は8個あるので，②の紙は最大で8枚しか切り出すことができません。

答

8枚

02 クリスマスプレゼント

解説

プレゼントは２つの箱にしか入っていません。「A，B，Dのうちプレゼントが入っているのは１つ」ということは，A，B，D以外の２つのうちどちらかにプレゼントがある，つまり，「C，Eのうちプレゼントが入っているのは１つ」ということがわかります。
同じように，「B，C，Eのうちプレゼントが入っているのは１つ」から「A，Dのうちプレゼントが入っているのは１つ」，「A，C，Eのうちプレゼントが入っているのは１つ」から「B，Dのうちプレゼントが入っているのは１つ」ということがわかります。
ここまでにわかった情報をまとめると次のようになります。

❶	A	B		D		→	１つ
❷			C		E	→	１つ
❸		B	C		E	→	１つ
❹	A			D		→	１つ
❺	A		C		E	→	１つ
❻		B		D		→	１つ

❶と❻を比べると，「A，B，Dに１つ」「B，Dに１つ」なので，Aにはプレゼントが入っていないことがわかります。
また，❷と❸を比べると，「C，Eに１つ」「B，C，Eに１つ」なので，Bにはプレゼントが入っていないことがわかります。

❶	~~A~~	~~B~~		D		→	１つ
❷			C		E	→	１つ
❸		~~B~~	C		E	→	１つ
❹	~~A~~			D		→	１つ
❺	~~A~~		C		E	→	１つ
❻		~~B~~		D		→	１つ

❶の「A，B，Dに１つ」のうち，AとBにはプレゼントが入っていないことがわかったので，Dはプレゼントが入っているとわかります。
CとEはどちらかには入っていますが，どちらに入っているのかはわかりません。
ケイコはプレゼントが入っているとわかったDの箱をもらうのがいいですね。

答

D

03 折り紙

解説

折り紙を開くと次のようになります。

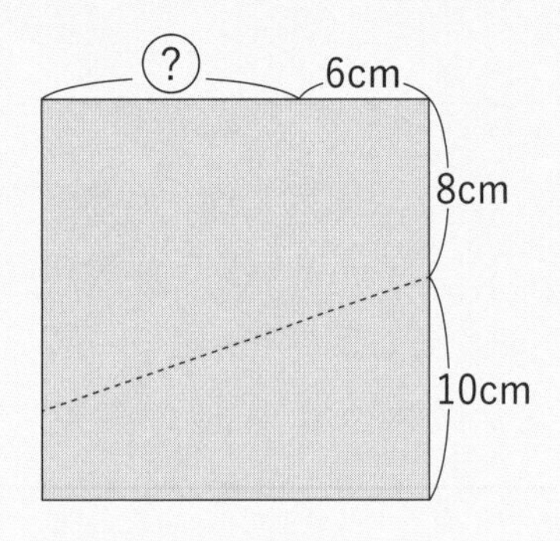

つまり，折り紙のたての長さは，

$8+10=18$(cm)

とわかります。

正方形の折り紙なので，たての長さと横の長さは同じになります。

したがって?の長さは，

$18-6=12$(cm)

とわかります。

答

12cm

04 ペットの名前

解説

4人のセリフからわかることをまとめると，次のようになります。

	動物の種類	名前
ハル	ハムスター（×）	三郎
ナツキ		
アキコ	ウサギ	
フユミ	ネコ（×）	

・ウサギの名前は太郎ではない。

・ネコの名前は四郎。

上の表から，ネコを飼っているのはハルかナツキになりますが，「ネコの名前は四郎」という情報があるので，ハルはネコを飼っていません。

ネコの四郎を飼っているのは，ナツキしか考えられないことがわかりますね。

	動物の種類	名前
ハル	~~ハムスター~~	三郎
ナツキ	ネコ	四郎
アキコ	ウサギ	
フユミ	~~ネコ~~	

・ウサギの名前は太郎ではない。

さらに，ウサギの名前は太郎ではないので，残(のこ)っている次郎だとわかります。また，太郎はフユミに飼われていることもわかりますね。

	動物の種類	名前
ハル	~~ハムスター~~	三郎
ナツキ	ネコ	四郎
アキコ	ウサギ	次郎
フユミ	~~ネコ~~	太郎

残っている動物の種類は，イヌ，ハムスターですが，ハルはハムスターを飼っていないので，イヌを飼っていることになります。ということは，フユミはハムスターを飼っています。

	動物の種類	名前
ハル	~~ハムスター~~ イヌ	三郎
ナツキ	ネコ	四郎
アキコ	ウサギ	次郎
フユミ	~~ネコ~~ ハムスター	太郎

したがって，フユミが飼っている動物の種類はハムスター，名前は太郎だとわかります。

答

動物の種類（　ハムスター　）
名前（　太郎　）

05 サッカー対決

解説

対戦表を作って，整理していきましょう。
まず，４人のセリフからわかることをまとめると，次のようになります。

	A組	B組	C組	D組	勝ち点	
A組						最下位
B組			×			
C組		○			5点	
D組						優勝

このとき，B組の「C組に負けちゃった」から，C組がB組に勝っていることもわかりますね。
次に，C組に注目しましょう。勝ち点が5点で，１試合は勝って勝ち点３を得ているので，残り２試合は両方とも引き分けだとわかります。それぞれの対戦相手のほうにも引き分けの印△を入れましょう。

	A組	B組	C組	D組	勝ち点	
A組			△			最下位
B組			×			
C組	△	○		△	5点	
D組			△			優勝

次はD組に注目しましょう。優勝しているということは，C組の5点より多い勝ち点のはずです。こうなるのは，まだわからない２試合は両方とも勝って勝ち点７だとわかります。
また，それぞれの対戦相手の結果も忘れずに入れましょう。

	A組	B組	C組	D組	勝ち点	
A組			△	×		最下位
B組			×	×		
C組	△	○		△	5点	
D組	○	○	△		7点	優勝

最後に，A組が最下位ということは，B組はA組より勝ち点が多いということです。
ここまででわかっている結果では勝ち点はA組が１点，B組が０点なので，残りの１試合で，B組はA組に勝って３点を得たとわかります。

	A組	B組	C組	D組	勝ち点	
A組		×	△	×	1点	最下位
B組	○		×	×	3点	
C組	△	○		△	5点	
D組	○	○	△		7点	優勝

したがって，B組の勝ち点は3点とわかりました。

答

3点

06 こつこつ貯金

解説

1月1日から順番に，貯金箱に入れたお金と貯金箱に入っているお金を考えていきましょう。

1月1日は，からっぽの貯金箱に100円を入れたので，貯金箱に入っているお金は100円になります。

1月2日は，貯金箱に入っている金額を2でわった分の額のお金を貯金箱に入れたので，
100÷2＝50(円)入れて，
入っているお金は，100＋50＝150(円)になります。

1月3日は，貯金箱に入っている金額を3でわった分の額のお金を貯金箱に入れたので，
150÷3＝50(円)入れて，
入っているお金は150＋50＝200(円)になります。

1月4日は，貯金箱に入っている金額を4でわった分の額のお金を貯金箱に入れたので，
200÷4＝50(円)入れて，
入っているお金は，200＋50＝250(円)になります。

日付	貯金箱に入れたお金	貯金箱に入っているお金
1月1日	100円	100円
1月2日	50円	150円
1月3日	50円	200円
1月4日	50円	250円

⋮

ここまで見てみると，1月2日以降は毎日50円ずつ貯金箱に入れていることがわかります。これは，このまま31日まで続きそうですね。
したがって，1月1日は100円，1月2日から31日までの30日間は50円ずつ貯金箱にお金を入れるとわかります。
1月31日にお金を入れた後の貯金箱には，
100＋50×30＝1600(円)のお金が入っているはずです。

答

1600円

参考

この問題では，絶対に毎日50円ずつになるか，確かめる必要はありませんが，確かめることは可能です。
ただし，高校で習う「漸化式」を使わなければいけないので，子どもの人はまだ見ないでください。

n 日目にたまる貯金額を a_n 円とします。
このとき，

$a_1 = 100$ ……①

$a_n = a_{n-1} + \frac{1}{n} a_{n-1}$ ……②

とわかるので，漸化式を解くことで答えが求められます。
②の式を変形して，（両辺を a_{n-1} でわって）

$$\frac{a_n}{a_{n-1}} = 1 + \frac{1}{n} = \frac{n+1}{n} \quad \cdots\cdots③$$

ここで

$$\frac{a_n}{a_1} = \frac{a_n}{a_{n-1}} \times \frac{a_{n-1}}{a_{n-2}} \times \cdots\cdots \times \frac{a_3}{a_2} \times \frac{a_2}{a_1}$$

なので，③より

$$\frac{a_n}{a_1} = \frac{n+1}{n} \times \frac{n}{n-1} \times \cdots\cdots \times \frac{4}{3} \times \frac{3}{2} = \frac{n+1}{2} \quad \cdots\cdots④$$

①，④より

$$\frac{a_n}{a_1} = \frac{n+1}{2}$$

$$\Leftrightarrow \frac{a_n}{100} = \frac{n+1}{2}$$

$$\Leftrightarrow a_n = 50n + 50$$

よって，n 日目の貯金額は $50n+50$（円）となり，n が1ずつ増えるたび50円増える，つまり毎日50円ずつたまることがわかります。

07 スペードとハートのカード

解説

表と裏の数字を見つけるために，次のような表を作って考えていきます。

		♥								
		1	2	3	4	5	6	7	8	9
♠	1									
	2									
	3									
	4									
	5									
	6									
	7									
	8									
	9									

表には，たて・横でそれぞれ1か所ずつ○が入ります。

まずは，見えているカードからわかることをうめていきましょう。
同時に見えているカードが表裏になっているはずはありません。

つまり，スペードの1，3，4，9の裏は，ハートの2，5，7，8，9ではないとわかります。

		♥								
		1	2	3	4	5	6	7	8	9
♠	1		×			×		×	×	×
	2									
	3		×			×		×	×	×
	4		×			×		×	×	×
	5									
	6									
	7									
	8									
	9		×			×		×	×	×

また，見えているカードをすべて裏返したとすると，
スペードの2，5，6，7，8と
ハートの1，3，4，6が見えるはずです。
これらの数字も表裏になっていないとわかります。

♠＼♥	1	2	3	4	5	6	7	8	9
1		×			×		×	×	×
2	×		×	×		×			
3		×			×		×	×	×
4		×			×		×	×	×
5	×		×	×		×			
6	×		×	×		×			
7	×		×	×		×			
8	×		×	×		×			
9		×			×		×	×	×

次に，「いちばん小さい合計は５」から，合計が２，３，４になるものはないとわかります。
また，「いちばん大きい合計は16」から，合計が17，18になるものはないとわかります。

♠＼♥	1	2	3	4	5	6	7	8	9
1	×	×	×		×		×	×	×
2	×	×	×	×		×			
3	×	×			×		×	×	×
4		×			×		×	×	×
5	×		×	×		×			
6	×		×	×		×			
7	×		×	×		×			
8	×		×	×		×			×
9		×			×		×	×	×

「ハートの５の裏はスペードの５」と書いてあるので，表に○が書けますね。
すると，ハートの５のたての列，スペードの５の横の行はすべて○と×でうまります。
そして5＋5＝10なので，合計が10になるほかの組み合わせも×になります。

♠＼♥	1	2	3	4	5	6	7	8	9
1	×	×	×		×		×	×	×
2	×	×	×	×	×	×		×	
3	×	×			×		×	×	×
4		×			×	×	×	×	×
5	×	×	×	×	○	×	×	×	×
6	×		×	×	×	×			
7	×		×	×	×	×			
8	×	×	×	×	×	×			×
9	×	×			×		×	×	×

ここで，ハートの１の列を見てみましょう。
４以外には×がついているので，ハートの１の裏はスペードの４だとわかります。
さらに，スペードの１の裏がハートの４だと，合計が５で同じものになってしまうので，スペードの１の裏はハートの６だとわかります。
○がついたスペードの４の行，ハートの６の列をすべて×でうめましょう。

		♥								
		1	2	3	4	5	6	7	8	9
♠	1	×	×	×	×	×	○	×	×	×
	2	×	×	×	×	×	×		×	
	3	×	×			×	×	×	×	×
	4	○	×	×	×	×	×	×	×	×
	5	×	×	×	×	○	×	×	×	×
	6	×		×	×	×	×			
	7	×		×	×	×	×			
	8	×	×	×	×	×	×			×
	9	×	×			×	×	×	×	×

ここでスペードの3の行に注目すると，ハートの3かハートの4が残っていますが，ハートの4だと合計が7になり，［スペードの1とハートの6］と同じになってしまいます。よってスペードの3の裏はハートの3です。さらに，ハートの4の裏はスペードの9であることもわかります。
4＋9＝13なので，ハートの7の裏がスペードの6でないことも書いておきましょう。

		♥								
		1	2	3	4	5	6	7	8	9
♠	1	×	×	×	×	×	○	×	×	×
	2	×	×	×	×	×	×		×	
	3	×	×	○	×	×	×	×	×	×
	4	○	×	×	×	×	×	×	×	×
	5	×	×	×	×	○	×	×	×	×
	6	×		×	×	×	×	×		
	7	×		×	×	×	×			
	8	×	×	×	×	×	×			×
	9	×	×	×	○	×	×	×	×	×

ここで，スペードの8の裏がハートの7だとすると，スペードの2の裏はハートの7ではないのでハートの9とわかります。しかし，そうなると，「いちばん大きい合計は16」を満たす組み合わせがなくなってしまうので，「スペードの8の裏がハートの7だとすると」が間違っていたとわかります。

♠＼♥	1	2	3	4	5	6	7	8	9
1	×	×	×	×	×	○	×	×	×
2	×	×	×	×	×	×	×	×	○
3	×	×	○	×	×	×	×	×	×
4	○	×	×	×	×	×	×	×	×
5	×	×	×	×	○	×	×	×	×
6	×		×	×	×	×	×		×
7	×		×	×	×	×	×		×
8	×	×	×	×	×	×	○	×	×
9	×	×	×	○	×	×	×	×	×

合計16になる組み合わせがなくなるので違う

したがって，スペードの８の裏はハートの８とわかります。

また，8＋8＝16なので，ハートの９の裏は７ではないことも決まります。

♠＼♥	1	2	3	4	5	6	7	8	9
1	×	×	×	×	×	○	×	×	×
2	×	×	×	×	×	×		×	
3	×	×	○	×	×	×	×	×	×
4	○	×	×	×	×	×	×	×	×
5	×	×	×	×	○	×	×	×	×
6	×		×	×	×	×	×	×	
7	×		×	×	×	×		×	×
8	×	×	×	×	×	×	×	○	×
9	×	×	×	○	×	×	×	×	×

最後に残っている候補の中から合計が同じになる部分に注目しながら考えましょう。

もし，スペードの２の裏がハートの７だとすると，スペードの７の裏はハートの７ではないのでハートの２とわかります。しかし，そうなると，合計が９になる組み合わせが２つになってしまうので，「スペードの２の裏がハートの７だとすると」が間違っていたとわかります。

♠＼♥	1	2	3	4	5	6	7	8	9
1	×	×	×	×	×	○	×	×	×
2	×	×	×	×	×	×	○	×	×
3	×	×	○	×	×	×	×	×	×
4	○	×	×	×	×	×	×	×	×
5	×	×	×	×	○	×	×	×	×
6	×		×	×	×	×	×	×	
7	×	○	×	×	×	×	×	×	×
8	×	×	×	×	×	×	×	○	×
9	×	×	×	○	×	×	×	×	×

合計が９になる組み合わせが２つになるので違う

したがって，スペードの２の裏はハートの９，ハートの７の裏はスペードの７とわかります。

		♥								
		1	2	3	4	5	6	7	8	9
♠	1	×	×	×	×	×	○	×	×	×
	2	×	×	×	×	×	×	×	×	○
	3	×	×	○	×	×	×	×	×	×
	4	○	×	×	×	×	×	×	×	×
	5	×	×	×	×	○	×	×	×	×
	6	×		×	×	×	×	×	×	×
	7	×	×	×	×	×	×	○	×	×
	8	×	×	×	×	×	×	×	○	×
	9	×	×	×	○	×	×	×	×	×

したがって，スペードの6の裏は，ハートの2です。

		♥								
		1	2	3	4	5	6	7	8	9
♠	1	×	×	×	×	×	○	×	×	×
	2	×	×	×	×	×	×	×	×	○
	3	×	×	○	×	×	×	×	×	×
	4	○	×	×	×	×	×	×	×	×
	5	×	×	×	×	○	×	×	×	×
	6	×	○	×	×	×	×	×	×	×
	7	×	×	×	×	×	×	○	×	×
	8	×	×	×	×	×	×	×	○	×
	9	×	×	×	○	×	×	×	×	×

答

ハートの2

また元に
もどすの？
のり

⑤

5分で論理的思考力ドリル

ちょっとむずかしめ

別冊解答

Gakken